ein Ullstein Buch

ein Ullstein Buch/maritim
Nr. 20293
im Verlag Ullstein GmbH,
Frankfurt/M – Berlin – Wien
Titel der englischen
Originalausgabe:
The Art of Coarse Sailing

Übersetzt von Hans-Rudolf Rösing

Ungekürzte Ausgabe
mit Illustrationen von Kurt Schmischke

Umschlagentwurf:
Hansbernd Lindemann
Umschlagillustration:
Peter Wirsing

Taschenbuchausgabe mit Genehmigung
der Stalling Verlag GmbH, Oldenburg
und München

Printed in Germany 1983
Druck und Verarbeitung:
Ebner Ulm
ISBN 3 548 20293 4

Juni 1983
11.–15. Tsd.

CIP-Kurztitelaufnahme
der Deutschen Bibliothek

Green, Michael:
Ruder hart links: Eine heitere Segelanweisung / Michael Green. [Übers. von Hans-Rudolf Rösing]. – Ungekürzte Ausg. – Frankfurt/M; Berlin; Wien: Ullstein, 1982.
(Ullstein-Buch; Nr. 20293: Maritim)
Einheitssacht.: The art of coarse sailing <dt.>
ISBN 3-548-20293-4
NE: GT

Vom selben Autor
in der Reihe der
Ullstein Bücher:

Ruder hart rechts! (20192)

Michael Green

Ruder hart links!

Eine heitere Segelanweisung

ein Ullstein Buch

Mitwirkende

Auf *Merryweather II:*

BIBER (50), die Seele des Ganzen. Ein kleiner, dicker Junggeselle mit Backenbart, Antreiber seiner Crew. Fühlt sich erst im dicksten Kuhsturm wohl – oder wenn er im Yachthafen sämtliche anderen Boote durcheinandergebracht hat.

HARRY (38), ist, obwohl mit der reizenden Sheila verheiratet, über den Verdacht erhaben, ein aufmerksamer Gatte zu sein. Als Koch ist er miserabel, und im übrigen schläft er auf den Bodenbrettern.

SHEILA (32), Harrys Frau, beschwört Komplikationen herauf, weil sie ein Baby erwartet (ihr sechstes); Biber ist sie allein deswegen schon unheimlich. Außerdem haben Frauen an Bord sowieso nichts zu lachen.

MIKE (der Autor), schwört Jahr für Jahr, im Urlaub nicht mehr zu segeln – weil er am Leben hängt –, und ist dann doch wieder dabei. Glücklicherweise, denn sonst hätte er dieses Buch nicht geschrieben.

Auf *Quiet Dawn:*

ARTHUR (30), Samenhändler, stößt immer einen merkwürdigen bukolischen Brüll-Laut aus, bevor er etwas sagt. Ein Mann, bei dem Ironie reine Verschwendung ist. Liebt eine bestimmte Untiefe vor Yarmouth, auf der er jedes Jahr wieder festsitzt.

DENNIS (28), ehemaliger Marineoffizier, ziemlich pingelig und etepetete, verlangt an Bord Menüs wie im Luxushotel. Nimmt zu diesem Zweck »die alte Joan« mit auf Tour – und noch dazu eine leibhaftige Katze.

JOAN (19), nicht unflotter Teenager in engen Hosen mit Leopardenmuster, findet (fast) immer alles »Klasse«. Wird von Dennis und Arthur schamlos als Aschenbrödel ausgenutzt. Trägt trotzdem wesentlich zum Happy-End der ganzen Fahrt bei.

Vorwort

Der einzige Grund, warum ich ein Vorwort schreibe, ist der, daß ein Freund mir sagte, bei meinem letzten Buch »Die Kunst gewöhnlichen Rugbys« sei das Vorwort das Amüsanteste gewesen. Ich muß sagen, das ging mir nahe, denn ich hatte das Vorwort gar nicht selber geschrieben, das hatte irgendein Mordsrugbyspieler getan. So was Dummes soll mir dieses Mal nicht wieder passieren.

Doch meine eigentliche Absicht ist es, ganz schlicht allen zu danken, mit denen ich irgendwann einmal gesegelt habe; dafür zu danken, daß sie mir so freundlich – und unbewußt – den Stoff für ein Buch geliefert haben. In diesen Dank möchte ich auch die Fremden einschließen, die, ohne es zu wissen, hilfreich waren, vor allem das durchgedrehte Flitterwochenpärchen, das seinen ersten Krach auf dem Schlick bei Yarmouth hatte. Ich möchte auch Mrs. Kay Eldridge für das Tippen des Manuskripts danken. Wenn man bedenkt, daß ihr einmal beinahe alle Finger abgequetscht worden sind, als sie versuchte, mein Boot abzusetzen, finde ich das ungewöhnlich nett von ihr.

Michael Green

Eins

Jedes Jahr schwöre ich mir, im Urlaub nicht wieder zu segeln. Wenn man bedenkt, daß ich das jedes Jahr sage, ist es eigentlich erstaunlich, wieviel Segeln ich so zusammenbekommen habe. Jedesmal komme ich zurück, braun und blau gestoßen, zerschlagen und mit einem Skorbut im Frühstadium, mit einer tiefen Einkerbung in meiner Sitzfläche, und ich sage: »Das war ein toller Spaß, aber nächstes Jahr werde ich mir etwas Ruhigeres aussuchen.« – Und irgendwie, zwölf Monate später, besorge ich mir an der gleichen Stelle die gleiche Kerbung mit der Kante des Kockpitwaschbordes, oder ich krieche auf allen vieren in irgendeiner stinkenden Bilge herum.

Nicht daß meine seglerischen Taten besonders glanzvoll wären. Ich möchte meinen, das meiste davon kann mit dem Begriff »Haariges Segeln« zutreffend umschrieben werden. Für solche, die den haarigen Sport nicht kennen, weise ich auf meine Definition des haarigen Rugby hin – ein Spiel mit weniger als 15 Mann auf jeder Seite, von denen mindestens die Hälfte vollkommen ahnungslos sein muß. Es ist leichter, den haarigen Segler zu beschreiben als das haarige Segeln, und ich denke, die folgende Definition trifft ihn hinreichend: Einer, der in einem kritischen Augenblick das nautische Vokabular vollkommen vergißt und ruft:

»Um Gottes willen, links 'rum!«

Nur dem richtigen Blauwassermann ist es gegeben, an die Fachausdrücke der »Seemannschaft« zu denken, wenn er gerade in Rammposition auf eine Kettenfähre zuläuft.

Hier noch ein Beispiel für das, was ich meine. Ich segelte öfter mit einem fürchterlich kenntnisreichen Burschen, der eine Sloop mit zwei Kojen auf dem Hamble hatte. Obwohl er mit den richtigen Ausdrücken sehr pingelig war (»Ich mag diese zerknitterten Kartoffelsäcke von Segeln nicht sehen«, pflegte er weise daherzureden), taugte er in Wirklichkeit nicht viel. Er ist, soviel ich weiß, der einzige Mann, der tatsächlich an der Küste der Isle of Wight landete, als er einmal nach Frankreich hinüber wollte.

Eines Tages saß ich am Ruder, und unser Kurs führte uns vierkant auf einen Tanker zu. Es war sein Boot, und so fragte ich ihn, was wir machen sollten. Ich wollte nichts weiter hören als irgend etwas Einfaches, etwa: »Ach, geh hinten herum.« Statt dessen bekam ich einen Schwall von gräßlichem Geschwätz serviert, Sachen wie »Luv an und laß ihn Grün vier-null peilen«. Ich fragte höflich, was er eigentlich meine, und er fing an durchzudrehen und ungereimtes Zeug zu schwafeln, er tönte weiter über »Anluven« und »Peilungen« und »Kartoffelsäcke« und Gott weiß was alles. Als die Ramming fast unvermeidlich war, schrie ich ihm grob ins Ohr, ob er nun rechts oder links meinte. Das hat er mir nie verziehen.

Das Dumme bei dieser Art von Leuten – und es gibt viel zu viele davon bei den Seglern – ist, daß sie es lieben, einfache Dinge kompliziert zu machen. Unser haariger Seemann will aber lieber komplizierte Dinge einfach machen. Ich schreibe das als ein Mann, der mit Hilfe von zwei Nägeln auf der Zuiderzee Navigation gemacht hat.

Wir hatten das Boot oben an einem der holländischen Kanäle gechartert, hundert Meilen von der See entfernt, und weil es uns nicht im Traum einfiel, daß wir mitten in Holland Land außer Sicht verlieren könnten, hatten wir keinen Kompaß. Unglücklicherweise hatten wir nicht an die Zuiderzee gedacht, die so breit war wie der englische Kanal an einzelnen Stellen – jedenfalls bevor große Teile trockengelegt wurden –, und da saßen wir nun in der Mitte, und die letzte Landmarke war längst verschwunden.

Die Eisenbahnfähre von Staveren wollte einfach nicht so langsam fahren, daß wir hinter ihr herlaufen konnten. Auch konnten wir uns nicht mit der Idee unseres »Bootsdummen« befreunden, nämlich einfach den Möwen zu folgen. (»Sie fliegen immer nach Land zu, alter Junge.«)

Als es gerade so aussah, als müßten wir wie eine Art moderner Fliegender Holländer ewig im Kreise herumsegeln, traf mich die Inspiration mit geradezu körperlicher Gewalt. Ich schlug einen Nagel in das Deck ein und einen anderen am Ende seines Schattens. Wir brauchten nun nur den Schatten in gleicher Richtung zu halten und mußten so einen geraden Kurs segeln.

In Wirklichkeit macht man bei dieser Methode mit der Sonne einen weiten Bogen, aber für kurze Strecken reicht sie aus. Und wenn diese Story mit den Nägeln im schönen Deck bei einem Admiral am grünen Tisch auch einen Tobsuchtsanfall herausfordert, so kann ich nur sagen, Kolumbus hatte auch keine viel größere Apparatur, als er Amerika entdeckte. Gewiß, er dachte, er hätte Indien gefunden, aber das qualifiziert ihn lediglich als einen der ersten haarigen Seeleute.

Die wahre Heimat aller haarigen Segler sind die Norfolk Broads. Unter Broads verstehe ich hier das Netz von engen Flußläufen, die die eigentlichen Broads verbinden; diese sind in Wirklichkeit flache Seen von verschiedener Größe, wunderhübsch, aber vom Standpunkt des haarigen Segelns langweilig, weil sie nur wenige Risiken bieten – außer daß man auf ihnen zwölf Stunden lang auf Schiet sitzen kann.

Es gehört bei manchen Seglern, die die Broads nie befahren haben, zum guten Ton, vom Segeln dort verächtlich als von »In Gräben herumkrebsen« zu reden. Es stimmt schon: Wenn Segeln bedeutet, »in Booten herumzubummeln«, dann ist Segeln in den Broads »mit Booten im Schlick herumzurutschen«, aber hier braucht man auch ganz spezielle Fähigkeiten.

Ich denke dabei an solche Probleme, wie mit einem 9-Meter-Boot in einem Fluß oder Graben aufzukreuzen, der nicht viel breiter als das Boot lang ist. Die Ufer sind mit Anglern besetzt, und mit hoher Fahrt kommen drei große Motorkreuzer heran, gefahren von Leuten, die denken, Segelboote hätten Bremsen.

So etwas kommt auf dem River Ant nicht selten vor. Allerdings ist es noch schlimmer, dort mit achterlichem

Wind zu segeln, denn dann kann es passieren, daß man von Booten hinter sich und anderen, die entgegenkommen, in die Zange genommen wird, und man hat nicht die geringste Chance, in den Wind zu gehen.

Die einfachste Lösung für diese Art von Schwierigkeiten liegt zwischen Segelbergen in fünf Sekunden und mit einem Tampen in die Binsen jumpen und an einem Baum festmachen. Nach solchermaßen unheimlichen Erlebnissen ist es das reine Kinderspiel, mit halbem Wind durch den Chichester-Hafen zu preschen.

Das ist das Schöne an den Broads: In kürzester Zeit kann man da furchtbar viel erleben.

Es gibt noch andere Gefahren, die den Salzwassersegler nicht heimsuchen, und ich rede als einer, der seinen Großbaum durch das Fenster eines Kolonialwarenladens gesteckt und seine Gaffel an einer Hochspannungsleitung verfangen hat — *diese* Gefahren hat man auf dem englischen Kanal gewiß nicht.

Die Broads haben mir so viele erregende Erlebnisse beschert, wie meine Freunde und ich sie beim Segeln woanders nicht besser hätten finden können. Im Lauf der Jahre hat unsere kleine Flottille jedes denkbare Seeunglück überstanden. Nicht nur solche ganz gewöhnlichen Katastrophen wie auf Dreck laufen, gerammt werden, Mann über Bord und so weiter; sondern andere, mehr exotisch anmutende Sachen wie Wahnsinn des Kapitäns, Sinken, Tod eines Passagiers, Begräbnis auf See, Haft kraft Gesetzes und Explosion des Schiffes.

Viele solche Alltäglichkeiten sind in den folgenden Kapiteln beschrieben. Einmal wurden wir in den Broads sogar unter Feuer genommen. Irgend so ein Dussel ließ seine Entenflinte losgehen, als wir auf dem River Bure fuhren, und die Schrotkörner prasselten ins Großsegel. Die Enten ließen sich nicht stören, aber wir gingen in volle Deckung. Später sagte der arme Irre, der geschossen hatte, er hätte uns in der Dämmerung für einen seltenen Vogel gehalten.

Der Witz bei Vorfällen dieser Art ist, daß sie die innere Sehnsucht jedes Engländers stillen, der sein Salz wert sein will und sich als Seemann, als *ocean adventurer* fühlt, als rechtes Glied einer Rasse, welche den halben Erdball besiedelt hat. Das bringt die Leute zum Segeln, auf der See, den Broads oder der Themse. Das läßt sie alle diese schrecklichen Unbequemlichkeiten beim Segeln ertragen, während sie doch etwas viel Vernünftigeres tun könnten – zum Beispiel Kricket spielen.

Ich für meine Person huldige dem Glauben, daß irgendwo in meiner Familie ein alter Seebär gewesen sein muß – irgend so ein Brixham-Skipper namens Jem Green. Jem war rauh, aber liebenswert, die Art von Seebären, die immer Dinge wie diese ins Logbuch schreiben:

1. März: Wetter sehr stürmisch. Wasser sehr niedrig. Besatzung sehr aufsässig. Essen schlecht. Zwei Mann an der Franzosenkrankheit gestorben.

2. März: Wetter schlechter. Franzosenkrankheit wütet. Zwei Mann aufgehängt. PS: Der Sextant kann nicht in Ordnung sein, anderenfalls würde ich jetzt das schottische Hochland heraufsegeln.

3. März: Zufällig einen Albatros im Morgengrauen geschossen. Orkan kommt plötzlich auf.

Man möchte auch gern meinen, Old Jem wäre ein bißchen Moralist der besten viktorianischen Prägung gewesen und zudem Autor eines Gedichtes, das etwa so lautet:

Jem Greens Ode

Wenn der Seemann im Sturmwind des bösen Geschicks
ein Reff muß binden ein,
an den festen Baum des Glaubensglücks
knüpft die Kausch er vom lauteren Sein.

Denn höre, mein Sohn, nichts erzwingen du kannst,
wenn Gegenwind mächtig dir droht,
drum greife das Ruder der Hoffnung nur fest
und himmelwärts steure dein Boot.

Vielleicht wird leis es ergreifen dich ganz,
siehst dein Ziel an der Kimm du erglühn.
Und das Leben wird strahlen in himmlischem Glanz,
wenn die Backbordlaterne zeigt grün*.

In uns allen steckt ein gutes Stück vom alten Jem Green – oder jedenfalls denken wir gern, es sei so.

Das lebte auch in dem kleinen Mann, den ich im Bosham Harbour traf. Er saß rauchend in einem geklinkerten Dingi und schrieb in einem Notizbuch: dem Logbuch über seine Ferien. Das Dingi hatte er drei Tage zuvor in Itchenor, etwa zwei Meilen entfernt, gemietet und war damit unverdrossen um die Ecke nach Bosham gesegelt. Dann, erklärte er mir, war der Wind zu stark

* Anmerkung des Autors: Was das bedeutet, weiß ich auch nicht.

geworden, um weiterzufahren. Er zeigte mir sein Logbuch. Ich las ungefähr dieses:

3. August 09.00 Uhr: ausgelaufen. Windstärke 2. Fock geborgen, Sturmfock gesetzt. Bosham 10.30 Uhr. Meldung beim Hafenmeister. Bei Rückkehr fand ich das Schiff aufgehängt vor. Grund: ablaufendes Wasser.

Die nächsten zwei Tage enthielten Berichte, wie er nach See zu gepliert, mit dem nassen Finger den Wind abgefühlt und entschieden hatte, nicht auszulaufen. Er sagte mir, er fände das großartig und wünschte nur, er hätte schon früher mit Segeln angefangen. Und ich bin keiner von denen, die über ihn die Nase rümpfen.

Dieses innere Verlangen, es den abenteuernden Vorfahren gleichzutun, gibt es natürlich nicht nur bei Engländern. In Enkhuizen traf ich einen Deutschen, der sich ganz offensichtlich als ein »Wolfgang von Jem Green« fühlte. Er war von Hamburg nach Holland herübergesegelt, und als er uns erzählte, er sei Offizier in der Bundeswehr, hatte er den Spitznamen General Speidel weg.

Nachdem er unser Boot etwas hochnäsig gemustert hatte, fragte er plötzlich: »Sind Sie von England hergesegelt?«

»Nein«, sagten wir, »wir haben das Boot hier gemietet.«

»Haben Sie vielleicht Angst vor dem Wiind?« legte er uns nahe, »mein Oberst, der wollte mit mir segeln, aber er haben Angst vor Wind. Und meine Frau, sie haben Angst. Alle haben Angst. Ich nicht. Ich segeln nach England morgen.«

In der Ferne donnerte es. Seine Augen leuchteten: »Ah, das gut«, sagte er, »wir haben einen Sturm. Morgen viel Wiind. Ich gehe nach Hastings segeln. Sie kennen Hastings, ja?«

Am nächsten Morgen setzte er Segel in einem Sturm wagnerischen Ausmaßes, und Blitze zuckten um ihn herum. Was folgte, war allerdings ziemlich enttäuschend. Zwei Tage später segelten wir im Hafen von Amsterdam an ihm vorbei, wo er offensichtlich für lange Zeit festgemacht hatte, denn sein ganzes Unterzeug hing draußen zum Trocknen. Er übersah uns geflissentlich.

*

In dem Jahr, als all das passierte, was in diesem Buch berichtet wird, dachte ich tatsächlich, ich sei dem Segeln entwischt. Alles war vorbereitet für einen friedlichen Landurlaub, für einen friedlichen Trip in die Waliser Berge. Da rief Biber an und fragte, ob ich am Abend für einen Drink zu ihm herumkommen wollte.

Biber ist ein alter Segelkamerad, ein dicker, kleiner Junggeselle mit Bart, 50 Jahre alt, der bei vielen Gelegenheiten fast mein Leben auf dem Gewissen gehabt hätte. Möglicherweise hat er einen richtigen Namen. Aber wenn auch – ich habe ihn nie gehört. Falls er je geheiratet hätte, bin ich ganz sicher, daß der Pfarrer zu ihm nichts anderes hätte sagen können als: »Willst du, Biber, dieses Mädchen zu deinem Weibe nehmen?«

Ich kam also bei Biber an, und da lag eine Schar von Leuten überall in seinem Wohnzimmer herum. Sie studierten Seekarten und taten so, als ob sie etwas davon verstünden. Biber hielt eine »pre-sailing conference«. – Dabei entwickelte er einen geradezu irrsinnigen Reiseplan für eine einzige Ferienwoche, ein Plan, der selbst von einem Wasserflugzeug kaum zu schaffen gewesen wäre, geschweige denn von zwei alten Sloops.

Alle waren alte Segelkameraden, mit einer Ausnahme: ein freches, nicht unflottes Mädchen von 19, die mir als Joan vorgestellt wurde. Sie war die einzige, die noch nie gesegelt hatte, und sie hopste umher und fragte Sachen wie: »Müssen wir die ganze Nacht aufbleiben und Wache halten oder die Speigatten ausspritzen?« Ich sagte ihr, wir würden nachts höchstens zum Trinken aufbleiben oder wenn Biber uns auf Dreck setzte.

»Das wird aber Klasse«, quäkte sie. Ich stellte später fest, daß sie sich eine Sprechweise angewöhnt hatte wie aus einem Pop-Magazin für Twens. Ich persönlich hatte meine gelinden Zweifel, denn sie segelte mit Dennis und

Arthur, und die waren zwei der egoistischsten Junggesellen, die je ein Mädchen zum Segeln mitnahmen, damit es ihnen die Kartoffeln schälen konnte. Dennis – ein pingeliger, zackiger Bursche, der im Kriege Marineoffizier gewesen war und das nicht ganz vergessen konnte – hatte Joan bereits einen getippten Magenfahrplan überreicht, der auch einem Firstclass-Hotel nicht zur Unehre gereicht hätte.

Arthur redete unaufhörlich mit einem merkwürdigen bukolischen Akzent. Niemand weiß, wo er den aufgepickt hat. Er behauptet, das sei ein Stück von echtem Marschlanddialekt, es klingt aber wie so eine Art Überbleibsel von einer Kleinstadt-Amateurbühne. Immerhin, er ist Samenhändler, und da kommt ihm dieser Akzent manchmal bei seinen Kunden zupaß.

Bibers abgerichteter Sklave auf dieser Reise sollte Harry sein, der, wenn er segelt, jeden Morgen beim Aufstehen eine Flasche Worthington-Bier trinkt; außerdem seine Frau Sheila, die ihre Zeit mit der Betreuung eines ständig wachsenden Nachwuchses verbringt.

Nach ungefähr sechs Gins wurde ich gewahr, daß Harry, Sheila und Biber mich so behandelten, als gehöre ich ebenfalls zu ihrer Crew, und Dinge sagten wie: »Wir müssen dieses Jahr Steaks braten – besonders für Mike«, diese raffinierten Schweinehunde. Ich gab schwach zu erkennen, daß ich in die Waliser Berge fahren würde, und Biber sagte: »Ja, klar!« und goß mir zwei weitere Gins ein. Als er die zweite Buddel aufmachte, wollte ich bereits wirklich mit auf den Törn gehen.

Biber holte einen Katalog und zeigte mir das Boot *Merryweather II,* eine abgefahrene 9-Meter-Sloop, beschrieben als »ideal für Segler mit einiger Erfahrung«. Das ist auf den Broads die mittlere Kategorie. Die unterste verkauft sich mit »passend für den Anfänger«.

Der Katalog sang *Merryweathers* Lob in lyrischen Tönen. »Geräumiger Salon«, trällerte er, »mit leicht anzuhebendem Kabinendach. Dritte Koje in der Vorpiek. Waschschüssel. Vollkommen abgeschlossene Toilette. Äußerst bequemes Boot. Baumfock vorhanden.«

In Alltagssprache übertragen bedeutete das: ein Kabinendach, das nur in gemeinsamer Anstrengung von drei starken Männern anzuheben war und mit tödlicher Sicherheit über unseren Köpfen zusammenklappen würde, wenn wir beim Essen saßen. Bei einer heftigen Halse würde es über Bord rutschen. Die Waschschüssel war zum Fingerwaschen gerade groß genug. Die Koje in der Vorpiek war für einen Menschen in S-Form entworfen. Bei heruntergeklapptem Kabinendach war die Toilette nur für einen Schlangenmenschen benutzbar.

Die »selbsttätige« Fock hatte es, so lange wir denken konnten, immer noch geschafft, beim Übergehen zu haken; von Arbeitsersparnis keine Rede, im Gegenteil, die Fock verlangte eine extra Hand, deren alleinige Aufgabe es war, sie jedesmal hinüberzustoßen.

Sie hatten auch vergessen anzugeben, daß die Lenzpumpe kaputt war und offenbar Wasser ins Boot saugte, anstatt zu lenzen, und daß jedes Ende an Bord hoffnungslos verkinkt war. Sie hätten auch noch schreiben können, daß *Merryweather* gefährlich leegierig war.

Vor gut zwanzig Jahren bekam Biber stets die besten und schnellsten Yachten auf den Broads, aber nach einer Folge von Desastern merkte er, daß das immer schwieriger wurde. Er versuchte es mit einer Bootswerft nach der anderen, aber sein böser Ruf folgte ihm, und so sank er von Stufe zu Stufe schließlich bis zu der Werft von Mr. Loudwater ab. Es stimmt nun nicht gerade, daß Mr. Loudwater die jährlichen Besuche Bibers mit reiner Freude erwartete. Immerhin fand er sich doch wenigstens damit ab und hatte noch einen Trost: Der entstandene Schaden wurde meist so umfangreich, daß seine Leute den Winter über, wenn die Arbeit knapp war, beschäftigt blieben.

Wir brachen die »pre-sailing conference« um Mitternacht ab, und am nächsten Tage schrieb ich an das Gasthaus in den Waliser Bergen:

»Meine liebe Mrs. Jones,

es betrübt Sie sicher zu erfahren, daß ich die Woche nach dem 15. 7. nicht wie geplant bei Ihnen sein kann.

Gestern erhielt ich die Nachricht, daß mein Vormund auf den Shetlands erkrankt ist und voraussichtlich irgendwann in der Woche, die am 15. 7. beginnt, ableben wird.

Dies ist fürwahr ein tragisches Zusammentreffen, da ich ja, wie Sie sich erinnern werden, schon vergangenen Sommer nach Cork an das Krankenbett eines Verwandten abgerufen wurde. Sie werden sich erinnern, daß Sie vergangenes Jahr in Anbetracht der unglückseligen Umstände die große Freundlichkeit hatten, den von mir geleisteten Vorschuß zurückzuüberweisen, als Sie mein Zimmer wieder vermieteten, und ich wäre Ihnen sehr verbunden, wenn Sie auch in diesem Jahre wieder die Möglichkeit dazu sähen.

Vielleicht könnten Sie Ihrer Antwort den Fotoapparat beifügen, den ich 1959 vergessen hatte und dessentwegen ich schon ein paarmal an Sie geschrieben habe. Mit meinen besten Wünschen für eine gute Saison . . .«

Zwei

Bibers militärisch angehauchter Zeitplanung folgend, hatte ich mich am ersten Morgen der Reise um 6.30 Uhr in seiner Wohnung zu melden. Zu meiner größten Überraschung erschien ich dort tatsächlich um zehn Minuten vor sieben. 10 Minuten mußte ich klingeln, dann endlich erschien seine betagte Tante, um mir zu sagen, er schliefe noch. In diesem Augenblick wurde oben ein Fenster aufgerissen, und Biber steckte seinen Poller heraus und fragte, was all dieser verdammte Krach solle. Ich sagte es ihm, er grunzte und machte das Fenster geräuschvoll wieder zu. Die Tante verschwand – sie war eine von den Frauen, die es fertigbringen, sich im Handumdrehen unsichtbar zu machen –, und ich vertrieb mir die Zeit damit, im Wohnzimmer herumzugeistern und mir Fotos von Biber als widerspenstiges Kind zu betrachten.

Nach einer halben Stunde erschien Biber endlich. Er sah aus wie ein ambulantes Shipsstore, mit Girlanden von Tauwerk behangen und unter dem Gewicht einer unwahrscheinlichen Sammlung von seemännischem Trödelkram, vom Doppelglas bis hin zu einer Axt, fast zusammenbrechend.

»Kein Frühstück«, gab er entschlossen von sich, »ich esse etwas in New Market. Wir müssen los.«

Harry und Frau waren bei der fünften Tasse Kaffee, als wir kamen. Sheila sah ziemlich angeschlagen aus, weil sie die Kinder bei der Schwiegermutter deponiert hatte. Harry bedrückte dieser Verlust in keiner Weise, im Gegenteil, er schien ihm Auftrieb zu geben. »Von allen Lauten, die das menschliche Ohr aufnehmen muß, ist ›Daddy‹ der scheußlichste«, erklärte er mit Festigkeit, während wir auf Sheila warteten.

Wir brauchten fast eine halbe Stunde, um ihr Gepäck aufzuladen. Das lag an Sheila. Man stellt immer wieder fest: Ein Mann geht fröhlich auf einen Wochentörn mit gerade einem Paar Reservesocken; aber die Frauen bestehen darauf, so unnötige Sachen mitzunehmen wie einen zweiten Hüfthalter und natürlich ein Kleid: »Falls wir tanzen gehen . . .« Dieser gigantische Berg von Gepäck wurde irgendwie auf dem Autodach aufgeschichtet und festgezurrt, und mit krachender Kupplung brauste Biber los.

Er fuhr mit 80 bis zum Ende der Straße, bremste an der Ecke mit Macht, und der ganze Gepäckträger schoß über die Motorhaube und traf fast einen Polizisten im Dienst. Harry und ich setzten unser Leben aufs Spiel, um den Kram zu retten, weil wir die Koffer zwischen den Rädern vorbeidonnernder Busse herausschnappen mußten. Das einzige Opfer war eine Tube Rasiercreme von Biber, die unter einen Lastwagen geriet und die Hose des Polizisten über und über bespritzte. Er merkte es nicht, denn Biber beanspruchte seine ganze Aufmerksamkeit: Er knurrte und fluchte und schüttelte die Fäuste gegen eine Schlange von hupenden Autos hinter uns.

Um 9 Uhr fuhren wir weiter. Wir hatten viel Verspätung, und Bibers Geschwindigkeit war gespenstisch. Jedenfalls mußte es wohl so sein, aber ich konnte nicht viel davon sehen, weil das ganze Gepäck jetzt im Wagen lag und der große Koffer, den ich auf meinen Knien hatte, mir die Sicht versperrte. Den Bemerkungen Bibers war zu entnehmen, daß wir uns auf einer Straße entlangquälten, die nur von Wahnsinnigen und »Auto fahrendem Schrott« (Bibers Lieblingsausdruck) bevölkert wurde.

ETA* bei der Bootswerft war 10.30 Uhr gewesen. Wir kamen gerade noch zur Zeit, um zu sehen, wie die Leute zum Lunch gingen. Unser Boot, die *Merryweather II*, war eindeutig nicht seeklar. Sie war noch dreckig, Dekken und Gasflasche fehlten. Biber starrte sie voller Schrecken an und ließ einen Speach an die Werftleute vom Stapel, die dasaßen und ihre Sandwiches kauten. Wie ein kleiner Napoleon rief er nach Freiwilligen, um das Boot klarzumachen, denn wir hätten bis Dunkel-

* Erklärung für Badegäste: ETA = Estimated Time of Arrival, also die vorausgeschätzte Ankunftszeit.

werden noch einen weiten Weg. Er wurde mit einem ermutigenden Lächeln und Nicken belohnt. Und man zeigte mit dem Daumen in Richtung des Werftbüros. Aber niemand rührte sich. Harry schlug vor, einen Happen zu essen, aber Biber reagierte, als hätte jemand auf einem Parteitag der Kommunisten eine Dankadresse an den Papst eingebracht.

»Sheila kauft den Proviant ein«, bölkte er, »Mike geht mit ihr. Harry hilft mir das Rigg durchzusehen. Wir segeln um 14.00 Uhr.« Biber redete zwar in der 24-Stunden-Zeit, um zu zeigen, daß wir nun hier unter militärischem Kommando stünden, aber insgeheim hätte er viel lieber gesagt: »um vier Glasen«. Pech für ihn: Er konnte nie behalten, was soundso viele Glasen bedeuten. Sein kleiner Speach wurde immerhin von den Leuten mit einem Hurra belohnt; sie kannten das alles schon von früher.

Unterwegs zum Kaufmann machte Sheila mich auf einen alten Ford an der Straßenseite aufmerksam. »Darf ein Wagen hinten so aussehen?« fragte sie.

Der fragliche Wagen hatte ein merkwürdiges Loch zwischen dem Chassis und dem Kotflügel. In diesem Zwischenraum war ein appetitliches weibliches Hinterteil, bespannt mit Hosen in Leopardenmuster, sichtbar. Irgendwie kam uns das bekannt vor. Wirklich, als wir noch guckten, steckte Joan ihren Kopf aus dem Fenster, winkte wie toll und krähte: »Ist das nicht Klasse?«

Dennis, dessen Wagen es war, kam aus dem Laden, schwankend unter einer großen Kiste voller Weinflaschen.

»Hatte 'n bißchen Kummer unterwegs«, erklärte er, »der ganze Eisenkitt, den ich rings um das Chassis gefixt hatte, gab plötzlich nach, und die alte Joan fiel fast achtern 'raus. Ich werd' mich bei der »Motorwelt« darüber beschweren. Die haben nämlich behauptet, es hielte zwei Tonnen aus, und Joan wiegt noch nicht mal ein Viertel davon.«

Sheila quietschte plötzlich los: »Oh, guck, Dennis! Da ist eine Katze in deinem Wagen!«

»Denk' nur, die gehört mir«, sagte Dennis, »ich hab' niemand gefunden, der sie die Woche nehmen wollte, also muß ich sie mitnehmen.«

Ich fragte ihn, wie er eine Katze an Bord halten wollte, und er sagte munter, er würde sie wahrscheinlich mit einem kleinen Ende am Mast belegen. »Sie kann schwimmen«, sagte er noch, »ich habe sie auf Auftrieb getestet; in der Badewanne schwamm sie rund und rund wie nicht klug.«

Es gibt Augenblicke, wo ich nicht sicher bin, ob ich Dennis wirklich mag ...

Zehn Minuten später geschah etwas Außerordentliches: Alle fanden wir uns in der Kneipe wieder. Ich habe dieses Phänomen schon früher konstatiert, speziell beim Segeln. Ich jumpe an Land, um Brot zu kaufen oder sonst etwas ganz Harmloses, aber eine unsichtbare Kraft zerrt an meinen Füßen, und nolens volens finde ich mich auf dem Marsch in die nächste Kneipe. Harry war schon drin, als wir kamen, schluckte verstohlen eine Pinte Starkbier und peilte durchs Fenster, ob Biber käme. Er war von Bord geschlitzt mit der Ausrede, er wolle Loudwater suchen, den Werftbesitzer; also hatte er Biber allein gelassen, am Boot zu fummeln.

Wie das so geht: Es wurde Feierabend, bis wir loskamen. Biber hörte uns kommen — aus irgendeinem Grunde lachten wir laut auf der Straße —, und er spielte den Märtyrer und gab groß an mit Deckwaschen mit einem langstieligen Dweidel. Er hatte bereits Segel gesetzt (keine gerade sichere Angelegenheit in dem engen Graben), und der Baum schwang in den Windstößen unheilverkündend hin und her. Ich merkte, daß er unseren ursprünglichen Staken ausgetauscht hatte — das ist eine lange, unten gegabelte Holzstange, die zum Absetzen und zum Vorwärtsstaken bei Flaute benutzt wird. Der neue war viel länger und ähnelte einem Flaggenmast im Jugendstadium.

»Keine Zeit, den Fraß wegzustauen«, rief Biber, »schmeißt es in die Kajüte und abgelegt. Wir sind schon zu spät.«

Ich reichte die Proviantpakete Harry hinunter, und der gab sie an Sheila in die Kajüte weiter. Als die ersten paar heruntergemannt waren, rief Sheila Harry, er solle ihr helfen, und er verschwand unter Deck. Biber kümmerte sich nicht um die Verzögerung.

»Los, fort«, dröhnte er ungeduldig. Ich schaufelte den Rest der Einkäufe hastig an Deck und schmiß dabei ein Glas Mixed Pickles ins Wasser. Nun, ich mag Pickles, und so kniete ich nieder und versuchte sie zu fischen. Biber nahm davon keine Kenntnis.

»Achtern absetzen!« kommandierte er energisch, eingesponnen in seine Traumwelt. Ein Stück des Ufers gab nach, als ich im Wasser nach den Pickles grabbelte. Biber starrte zum Masttop hinauf und nickte weise mit dem Kopf.

»Wir sind los«, rief er, »Harry, an die Vorschoten! Mike, klar bei Staken! Sheila, stau den Schlickhaken weg! Los, 'ran, alle Mann!« Er sägte machtvoll mit der

Pinne hin und her. »Wir machen kaum Fahrt. Hol dicht die Backbord-Vorschot, Harry. Mike, gib ihr einen Pull mit dem Staken.«

Bei diesem Stand der Dinge meinte ich mich bemerkbar machen zu sollen. »Biber«, sagte ich, »wir sind noch am Ufer fest.«

Biber kam wieder auf die Erde zurück und blickte verwirrt um sich. »Am Ufer fest? Warum sind wir noch am Ufer fest? Wir müßten jetzt doch schon mitten im Strom sein.«

Harry erschien im Niedergang. »Entschuldigung, ich konnte nicht viel helfen bei diesem kleinen Buhei gerade eben«, erklärte er, »aber Sheila ist übel.«

Biber grunzte und gab bedauernde Töne von sich. »Also wirklich«, fuhr Harry fort, »es geht ihr nicht besonders gut. Denn sieh mal . . . also . . . es ist so, daß sie ein Baby bekommt.«

Es folgte ein Moment der Stille, unterbrochen bloß durch einen schwachen weiblichen Laut von unten. Bibers Augen wurden groß.

»Ein Baby? Großer Gott, du meinst doch nicht etwa jetzt?«

»O nein, nicht gleich. Ungefähr in sieben Monaten.«

Bibers Erleichterung war deutlich zu sehen, aber er war noch nicht beruhigt: »Du hättest mir sagen müssen, daß du ein hochschwangeres Weib auf mein Schiff zu bringen gedenkst. Das ist uns noch nie in den Broads passiert, nicht in all den Jahren, die ich hierhergekommen bin.«

»Tut mir leid«, sagte Harry.

»Gut, jetzt ist nichts mehr zu machen«, sagte Biber großmütig, »sag ihr, daß sie vom Dienst an der Vorschot befreit ist, bis es ihr besser geht.«

»Zu freundlich«, sagte Harry nicht ganz ohne Ironie und ging unter Deck, um nach Sheila zu sehen.

Eine ältliche Frau, eine von den Reinmachefrauen auf den Booten, flüsterte mir ins Ohr: »Entschuldigung, lieber Herr, aber ick kann nischt dafür, dat ick jehört habe, wat jrade jesagt wurde. Wenn die Frau von Ihrem

Freund die Wehen hat, sollte sie an Land kommen, nicht? 'n Broadsboot is keen Platz nich für'n Baby geboren zu werden. Soll ick 'n Dokter in Ranworth telefonieren?«

»Keine Ursache, Madam«, unterbrach Biber sie eisig aus dem Kockpit, »wir sind klar zum Ablegen.«

»Aber det kleene Baby ...«

»Da kommt kein Baby, wie Sie das nennen, erst in sieben Monaten! Aber *ich* kriege gleich eins, wenn ich nicht sofort Segel setzen kann! Niemand scheint zu wissen, daß wir noch heute abend Yarmouth machen wollen. Will nun jemand bitte freundlicherweise vorn und achtern loswerfen?«

Ich hatte inzwischen die Pickles als unwiederbringlich verloren aufgegeben und machte die Vorleine los, lief am Ufer entlang und warf auch die Achterleine los.

»Right – ho!« schrie Biber, »Los geht's! 'ran an die Vorschot, Mike. Harry, komm hoch, klar bei Staken. Sheila, wenn dir übel wird, nur im Klo. Los, ran!«

Wir kamen einen Meter voran – und stoppten wieder. Ein bejahrter Seemann von der Werft hatte unsere Achterleine geschnappt und mit einem Törn um einen Poller belegt. Er sah spöttisch auf unsere Segel und schüttelte den Kopf. Biber platzte beinahe vor Wut.

»Los die Leine, alter Trottel«, rief er feindselig.

Als Antwort holte der Mann die Leine noch etwas dichter, so daß Biber in die unwürdige Lage kam, mit Vollzeug über den Achtersteven zu fahren, während er mit der Pinne ohne die geringste Wirkung hin und her sägte. Als er uns fest hatte, sagte der alte Mann: »Bei dem Wind hier segeln Se nicht ohne zwei Reffs, jaa?? Wir hatten heute morgen einen Kerl hier, der kam zurück mit 'nem Loch in seiner Fock, so groß, dat Se hätten Ihrn Kopp rinstecken können.«

»Zwei Reffs«, grimmlachte Biber, »zwei Reffs? Bei diesem bißchen Wind? Warum denn, das Wasser ist ja kaum geriffelt!«

Der Seemann blickte weise zu den Bäumen hinter den Werftgebäuden hinüber, die sich im Wind bogen.

»Ick weeß nich, wat Mr. Loudwater sagt, wenn wir morgen 'rauskommen sollen und 'nen neuen Mast einsetzen . . .«

Der Name von Loudwater, seinem alten Feind, brachte Biber auf Hochtouren. »In Ordnung«, dröhnte er, »Mr. Loudwater kennt mich sehr gut.«

Das stimmte auffallend, denn Biber hatte im Laufe der Jahre seine Flotte erheblich dezimiert. »Ich kann ja bei Thurne Mouth 'ne Falte 'reinlegen, wenn ich finde, das ist richtig. Und nun werfen Sie gütigst meine Achterleine los. Ich muß vor Dunkelwerden in Yarmouth sein.«

Als er Yarmouth hörte, schüttelte der alte Mann den Kopf und kicherte. »Yarmouth, eh? Sie sind der Richtige, Sie. Gut, sagen Se nich, ick hätte nischt jesagt. Ick weeß nich, wat Mr. Loudwater sagen täte, wenn er das wüßte. Ab dafür dann.« Er machte die Leine los und gab unserem Heck einen Stoß. »Aber ick sage Ihnen, so werden Se nirgends wohin kommen, so nich.«

Es ist seltsam, aber anscheinend geht es beim Auslaufen zu einem Segeltörn nicht ohne die Unkenrufe der berufsmäßigen Wasserratten. Anstatt freudig zu rufen: »Viel Glück, gute Fahrt«, wie man es wohl erwarten könnte, tönt da bloß ein Chor von mißliebigem Knurren, begleitet von ungehobelten Bemerkungen über den Stand der Segel. Es ist in der Tat fatal, mit diesen Wasserratten auch nur über einen kurzen Trip zu reden. Man sagt so nebenbei in der Kneipe, man wolle nur eben mal um die Ecke hoppeln, und alle starren einen an und murmeln etwas von Tod in diesen gefürchteten Nipptiden, Springtiden, Winterstürmen, Sommerstürmen oder was ihnen sonst noch einfällt. Nicht daß man sie je segeln sieht. Sie verbringen offensichtlich ihre ganze Zeit mit dem Graben nach Würmern im Schlick und mit Schimpfen auf die Fremden. Jahrelang hörte ich einem alten Knaben im blauen Pullover aufmerksam zu, der in der Kneipe saß und zum besten gab, was alles der sichere Tod wäre. Erst vor zwei Jahren entdeckte ich, daß er Lastwagenfahrer war.

Je nun, die Professionals sind überall im Leben so. Man sollte meinen, sie wollten keine Geschäfte. In Sussex gab es einen alten Bootsbauer, bei dem man buchstäblich darum betteln mußte, daß er einem ein Boot baute. Einer meiner wenigen reichen Freunde ging einmal zu ihm und erklärte forsch, er möchte eine handige kleine Sloop für den nächsten Sommer gebaut haben, und er würde mit dem Preis auch nicht kleinlich sein.

Der alte Mann hobelte weiter an einem Stück Holz.

»Sie können doch nicht einfach so hier 'reinkommen und mich fragen, ob ich Ihnen so ein Boot baue«, sagte er, »so doch nicht! Ich muß erst sehen, ob ich Sie mag. Ich will nicht, daß einer eins von meinen Booten segelt, und ich mag ihn nicht.«

»Gut, aber was, zum Teufel, soll ich denn machen?« fragte mein Freund ganz geplättet.

»Immer mal wieder 'reinkommen und mich fragen«, antwortete der alte Mann und hobelte weiter, »dann wollen wir sehen, ob ich Ihnen ein Boot bauen kann.«

Schön, mein Freund kam sechs Monate lang fast jedes Wochenende. Und genau als seine Geduld am Ende war, sagte der alte Mann eines Tages in aller Ruhe: »Nein, ich werde Ihnen kein Boot bauen. Ich hab' zuviel zu tun.« Mein Freund sagte, er hätte es nur seiner übermenschlichen Beherrschung zu verdanken, daß er dem alten Kerl nicht einen Topf Leim über den Kopf gestülpt hat.

Meine Autowerkstatt ist genauso. Sie tun alles, nur nicht den Wagen reparieren. Wenn ich ihn bringe und bitte, ihn zu reparieren, gucken sie, als ob ich eine Gotteslästerung ausgestoßen hätte.

»Warum bringen Sie ihn nicht zu Smith, Sir«, sagen sie, »die sind für diese Arbeit spezialisiert. Oder warum verkaufen Sie ihn nicht lieber? Wir können ihn natürlich nicht nehmen, aber vielleicht jemand anders.«

Wenn ich nicht nachgebe, spielen sie ihren Trumpf aus. »Wir müssen den Schweißer aus Hanwell holen, und der kommt nicht umsonst. Es kostet 5 Pfund, wenn der nur seine Brille aufsetzt.«

Das Dumme ist, daß wir anderen mit dieser Art von Erpressung niemals aufwarten können. Ich möchte nur, die Verleger würden sagen: »Dazu brauchen wir den Green aus Hanwell, aber es kostet 5 Pfund, wenn der nur seinen Füller aufschraubt, wissen Sie.« Statt dessen vermute ich, sie denken, ich schriebe alles und jedes für ein paar Pfennig — und wahrscheinlich haben sie recht.

»Alter Bock«, knurrte Biber, als wir ruhig den Kanal entlanggeisterten, »mir zu sagen, wann ich reffen muß!« In diesem Augenblick kamen wir aus dem Windschatten der Werft heraus und zischten auf den offenen Fluß — unter der Begleitmusik von klirrendem Geschirr und dem Schrei »Was zum Teufel . . .« von Harry, der ein gequältes Gesicht aus dem Niedergang steckte.

Wir waren unterwegs.

Trotz allem war die Abfahrt für Bibers Verhältnisse noch relativ friedlich. Im vorigen Jahr war er so ungeduldig gewesen, daß er den Proviant eines anderen Seglers an Bord genommen hatte und damit lossegelte. Nach zwei Stunden wurde der Fehler entdeckt, aber Biber lehnte es ab, umzudrehen, zum Teil, weil der andere Proviant viel besser war als sein eigener und ein paar besonders hübsche Flaschen Wein enthielt. Jedoch: Der vergrätzte Besitzer verfolgte ihn mit einem von Loudwaters Motorbooten und zwang ihn, die Luxusartikel gegen seinen eigenen miserablen Fraß auszutauschen.

Nach einer Stunde war völlig klar, daß wir nicht bis Yarmouth kommen würden. Der Wind kam recht von vorne und war so stark und böig, daß wir immer wieder eine Wende verpaßten und schmählich in die Bäume am Ufer getrieben wurden, wo Harry und ich uns mit den Staken wieder herausstocherten. Für keinen von uns war das etwas Neues. Das ist nur eines von den mancherlei Ärgernissen beim »Graben-Krabbeln« in den Broads. Aber ich konnte mir nicht helfen, ich wünschte, Biber hätte zwei Reffs eingesteckt.

Sheila hatte sich nach einiger Zeit erholt und stand

auf, um Tee zu machen. Biber schielte verquer zu ihr hinüber. Er hatte Angst vor Frauen, die in seinen Augen unnatürliche Wesen waren. Und eine Frau an Bord zu haben, die ein Baby erwartete, verursachte ihm größtes Unbehagen. Ich meine, er betrachtete sie als eine weibliche Art Klabautermann.

Kochen war auf *Merryweather II* nicht einfach. Wie viele Boote auf den Broads hatte sie einen Kocher in einem Spind, das sich unter einem Sitz im Kockpit befand, und man kam heran, wenn man den Sitz anhob. Als der Kessel gerade am Kochen war, wurden wir in einen Baum geblasen, und während des anschließenden Durcheinanders tauchte Biber sein Bein in das Kochspind und schoß meterhoch in die Luft, weil ein Dampfstrahl in seinem Hosenbein aufwärtszischte. Daraufhin wurde der Tee in den Bann getan, und wir machten statt dessen ein paar Büchsen Bier auf.

Begebenheiten wie diese sind ein fester Bestandteil beim Kochen unterwegs, besonders wenn der Proviant in Querschiffsspinden verstaut ist. Gewöhnlich passiert folgendes: Der Smut macht eines von den Leespinden auf, wenn das Boot auf dem einen Bug liegt, und versucht alles zu greifen, bevor es über Stag geht. Er schafft es aber nicht, und dann rauscht beim Überholen auf die andere Seite eine Kaskade von Marmeladengläsern, Bohnen in Büchsen und Waschmittelpaketen über Deck.

Einmal saßen wir fünf Stunden auf Schiet, weil der Rudergänger seinen Fuß in ein Pfund Butter gesteckt hatte und flach auf den Rücken gefallen war. Aber nicht nur das – wir konnten auch die Butter nicht mehr gebrauchen; wir machten zwar einen schwachen Versuch, aber ein Blick auf den Fuß des Rudergängers ließ uns dann Abstand nehmen.

Es war dunkel, als wir Thurne Mouth erreichten, wo der River Thurne in den Bure fließt. Normalerweise wären es bis Yarmouth noch fünf Stunden gewesen. Harry machte Biber darauf aufmerksam, aber der tat, als ob er nichts gehört hätte, und bat ihn bloß, die Fockschot dichter zu holen. Gerade als wir um die Ecke kamen, rief Sheila: »Guck mal, dieser komische Kerl da drüben.«

Im Dämmern war eben noch eine Figur erkennbar, die auf- und niedersprang und mit den Armen fuchtelte. Geisterhaft drang eine Stimme zu uns herüber, und ein bukolischer Tonfall verriet uns: Das war Arthur.

»Boyur«, grölte es (immer wenn Arthur aufgeregt ist, gibt er vor dem Sprechen einen unbestimmten, brüllenden Laut von sich). »Wollt Ihr mir nicht 'ne Strippe 'rüberschmeißen?«

»Was ist mit seiner Rippe?« fragte Biber, »ist bei ihm was wrong?« Wir erklärten ihm, daß Arthur von uns eine Leine zum Festmachen haben wollte. Biber guckte noch verwirrter.

»Festmachen?« wiederholte er. »Warum segelt er nicht nach Yarmouth? Er sitzt doch nicht etwa auf Grund?«

Arthur mischte sich vom Ufer aus ein, seine Stimme verwehte in dem aufkommenden Sturm: »Boyur . . . Ihr kommt nie nach Yarmouth . . . zu dunkel . . . Sturm wird stärker . . . Tod . . . Verderben ringsum . . .«

Biber brütete einen Augenblick und sagte dann plötzlich: »Sag' ihm, wir wollen dafür nach Potter Heigham.«

Harry bölkte eine Antwort 'rüber, während wir hart abdrehten. Was Arthur dazu zu sagen hatte, haben wir nie erfahren, denn Biber warf unser Boot in einer atemberaubenden Halse herum, und wir waren in dem inzwischen fast ausgewachsenen Kuhsturm schon weit auf dem River Thurne. Ich sah nur noch, wie *Quiet Dawn* loswarf, als wir um die Biegung des Flusses schossen.

Es war beinahe pottenduster, als wir in Potter ankamen, allerdings hatte zum Glück der Wind mit Dunkelwerden nachgelassen. Längsseitgehen und Festmachen wäre nur eine Sache von ein paar Augenblicken gewesen. Aber nicht für den guten alten Biber, der fand, daß so eine lächerliche Kleinigkeit wie ein ganz simples Verlegen sämtlicher bereits festgemachter Boote vollkommen ausreichen würde, um für uns guten Platz zu schaffen.

Innerhalb von fünf Minuten war der Fluß ein brodelndes Gewimmel von Fahrzeugen. Die Boote, auf denen niemand an Bord war, wurden losgeworfen und auf andere Plätze verholt, während Biber alle übrigen Boote persönlich aufsuchte, um den Eignern klarzumachen, warum er wünschte, daß sie verlegten. Er steckte ein paar grobe Antworten ein.

Als alles vorüber war, lag da ein gewaltiges Päckchen von sechs Booten, während *Merryweather II* in splendid isolation am Ufer thronte. Zwei Motoryachten hatten Wuling mit ihren Leinen und trieben hilflos auf dem Fluß. Es wurde noch schlimmer, als die Leute aus der Kneipe zurückkamen und merkten, daß ihre Boote nicht mehr da waren. Sie schlugen furchtbaren Krach und leuchteten mit Stablampen und bliesen ihren Ärger in voller Lautstärke ab.

Ein paar Leute, die nicht mitbekommen hatten, daß ihre Boote verlegt waren, stiegen auf verkehrten Booten ein. Ich hatte großes Mitgefühl mit ihnen, denn einmal war ich in Oulton Broad auf die verkehrte Yacht geraten. Sie war ein Schwesterboot von meiner, und ich war schon ganz in die Vorpiek gekrochen, um etwas zu holen, als ich meinen Irrtum bemerkte. Ich wollte gerade wieder heraus, da ruckte das Boot. Zwei Menschen sprangen an Bord, und ich hörte eine männliche Stimme: »All right, Darling, niemand ist hier.«

Ich erstarrte vor Schrecken.

Eine weibliche Stimme sagte: »Bist du sicher, daß nichts passiert, Adrian?«

»Natürlich«, kam die Antwort, für meinen Geschmack etwas zu selbstsicher, »niemand kann uns hier finden.«

»Oh, Adrian, ich kann mir nicht helfen, ich finde, es ist nicht recht. Es kommt mir so gemein vor – wegen Charles.«

»Was ist mit ihm? Nach allem, was du mir über ihn erzählt hast . . .«

An diesem Punkt konnte ich es nicht länger aushalten und hustete laut. Einen Augenblick Schweigen, und dann fing die Frau an zu kreischen: »Ich wußte es, ich wußte es! Charles ist an Bord. Er wartet auf uns. Er hat seinen alten Armeerevolver mitgenommen. Oh, Adrian – warum haben wir das getan? Warum, warum?«

Dieser Mädchenheld von Adrian gehörte sonst offenbar weniger zum heldischen Typ. Denn beim Wort »Revolver« machte er in ein paar langen Sätzen, daß er vom Boot kam. Seine Biene gleich hinterher. Als ich sicher war, daß sie außer Sicht waren, kroch ich hervor und schwirrte ab, zurück auf mein Boot.

Zum Glück passierte diesmal nichts dergleichen, aber als das Durcheinander eben auf dem Höhepunkt war, kam *Quiet Dawn* mit dem Kriegsschrei von Arthur und ging an dem Päckchen der sechs Boote längsseit, das nun immer mehr zu einer Art Pontonbrücke über den Fluß ausartete.

Tief befriedigt betrachtete Biber sein Werk.

»Ich sage ja, man muß die Sache nur immer richtig organisieren«, sagte er. »Kommt, laßt uns einen heben.«

Drei

Das letzte, woran ich mich vor dem Einschlafen erinnere, war ein unheilverkündendes Heulen des Windes im Rigg – und daß Biber sagte: »Vergiß nicht, morgen früh um sechs seeklar nach Yarmouth.«

Ich erwachte von einem hartnäckigen Ticken auf dem Bord am Ende meiner Koje. Es klang, als ließe jemand alle paar Sekunden einen kleinen Kiesel fallen. Ich hievte mich halb aufrecht und stieß mit meinen Beinen an naßkaltes Kojenzeug. Gleichzeitig hörte ich, daß es draußen junge Hunde regnete, und ich vernahm das teuflische Kreischen des Windes. Es war stickenduster. Nur die Leuchtzeiger des Weckers, auf frühes Wecken gestellt, leuchteten matt; es war zwanzig nach drei.

Im Schein der Kajütlampe glänzten Wasserlachen auf dem Bord, an der Stelle, wo es vom Kajütdach monoton heruntertropfte. Auf meinen Decken hatte sich an der Seite ein kleiner See gesammelt. Es erfreute mich, daß auch auf Bibers Decken ein See stand und ein Tropfen an seiner Bartspitze hing, wie er da auf seinem Rücken lag. Ich hoffte im stillen, ein Tropfen würde in seinen offenen Mund fallen.

Oben an Deck war offenbar etwas losgegangen. Da klapperte irgendwie Metall gegen das Kajütdach. Zusammen mit dem trüben Schein, dem Heulen des Windes, dem Klatschen des Wassers und, als Begleitmusik, dem sanften Schnarchen von Harry auf den Bodenbrettern machte das die Kajüte doch recht düster und unheimlich.

Ich schwang meine Beine seitlich aus der Koje und trat Harry ins Gesicht. Ihm entfloh ein unterdrückter Schnarcher, und er biß mich in den großen Zeh. Biber erwachte, starrte wild um sich, setzte sich auf und schrie: »Absetzen – Absetzen!« Wir haben nie herausbekommen, was er meinte.

»Alles okay«, sagte ich beruhigend, »ich glaube, da ist ein Schäkel lose, ich geh' mal eben an Deck.«

»Ich bin durchnaß«, klagte Biber.

»Ich auch«, sagte Harry, der erst halb da war, »wer hat denn das ganze Wasser in die Kajüte geschüttet?«

»Verdammter Blödsinn das, überall Wasser 'reinzugießen«, brabbelte Biber, schlief am Ende des Satzes ein und wachte wieder auf. »Die Leute sollten doch nicht so unvernünftig sein.«

Ich stieg an Deck und bekam einen Windstoß mit Regen, der mich fast über Bord fegte. Der Krach rührte vom Schäkel am Tampen des Fockfalls her; ich hatte es um ein Want belegt, und nun hatte es sich im Sturm losegearbeitet. Knoten sind nicht gerade meine Stärke.

Seit wir uns einmal um zwei Uhr morgens, im Hafen von Yarmouth treibend, wiederfanden, hat es Biber stets abgelehnt, mich das Boot festmachen zu lassen, und ich muß sagen, er hat recht.

Als ich eben das Fall wieder festmachte, kam Biber an Deck. »Die Kajüte leckt wie ein Sieb«, stöhnte er, »ich wette, Old Loudwater hat das mit Absicht getan, weil er wußte, daß ich das Boot kriege. Am liebsten würde ich ihm den Scheck sperren.«

Wir untersuchten das Kajütdach genau. Das Wasser besaß augenscheinlich eine übernatürliche Kraft, mit der es sich durch ein festes Kajütdach drücken konnte. Nicht nur das, es leckte immerzu an den verschiedensten Stellen; mal kam ein kleiner Wasserfall an der Wand herunter, und dann sprudelte ein Schwall Regenwasser in der Mitte. Der ganze wackelige Aufbau war eine recht gelungene Imitation eines Teesiebes.

Während wir uns umsahen, drangen Stimmen aus der Vorpiek unter unseren Füßen, wo Sheila schlief. Biber stand auf dem Vorluk, und ich wollte gerade vorschlagen, das Luk anzuheben, als Harry es bereits von unten öffnete.

Ich sage öffnete, aber er lüftete es nur an der einen Seite um eine Handbreit. Das genügte – Biber stolperte nach rückwärts, stieß die Arme in die Luft, zuckte mit den Beinen in einem geisterhaften Veitstanz auf und ab und verschwand über Bord.

Er klatschte gerade aufs Wasser, als Harry seinen Kopf aus dem Luk steckte und sagte: »Welcher Idiot steht hier auf dem Luk? Man kriegt es ja gar nicht auf!«

Zu unserer Überraschung nahm Biber die Angelegenheit ganz ruhig. Er brachte uns fast in Verlegenheit, so entschlossen war er, zu vergeben und zu vergessen. Sheila, das törichte Mädchen, bestand darauf, ihm ihre Koje zu überlassen, was ziemlich unlogisch war, weil nunmehr die nasseste Person an Bord die trockenste Koje hatte und die trockenste Person (nämlich Sheila) die nasseste Koje bekam. Wie auch immer, wir richteten uns also neu ein: Biber in der Vorpiek, Harry lag auf den Bodenbrettern und Sheila in Bibers Koje. Gerade waren wir wieder in einen unruhigen Schlaf gefallen, als das Boot heftig schwankte, weil jemand an Deck stieg. Arthur öffnete die Kajüttür.

»Boyur«, brüllte er mit einer Lautstärke, daß unsere Trommelfelle beinahe platzten, »ich dachte nur, ich sollte euch Bescheid sagen, daß es draußen gießt und bläst. Paßt auf Leckagen in dem Kajütdach da auf.«

Wir dankten höflich und sagten, wir hätten den Regen noch gar nicht bemerkt, aber jetzt, wo er das sagte, schiene uns doch das Wetter ein kleines bißchen unfreundlicher geworden zu sein. Ironie ist allerdings bei Arthur reine Verschwendung. Harry regte an, er möchte das Biber in der Vorpiek sagen, falls der es noch nicht gehört hätte, und Arthur stampfte glücklich los. Ich hörte, wie er das Luk öffnete und dann ein Geräusch, als ob es sehr plötzlich wieder geschlossen würde, und einen Schrei, als ob jemand seinen Finger eingeklemmt hätte ...

Von Arthur sahen wir diese Nacht nichts mehr.

Endlich dämmerte es nach einer, wie es uns vorkam, wassergesättigten Ewigkeit. Kurz nach sechs rasselte Bibers Wecker. Aber Harry brachte ihn zum Schweigen, er warf ihn einfach aus der Kajüte. Ein Sägen in der Vorpiek zeigte, daß der Besitzer der Uhr ungestört weiterschlief. Da konnten wir nicht mit, gefoltert wie wir waren, von Krämpfen gepeinigt bei dem Versuch, uns

auf die letzten trockenen Stellen in unseren Kojen zu kringeln. Sheila war so naß geworden, daß sie zu Harry in seine Lagerstatt auf den Bodenbrettern kroch. Ich muß sagen, das gab mir ein unbehagliches Gefühl. Ich bekam fast einen Schock, als ich mich umdrehte und ihr Gesicht ganz dicht bei dem meinen lag. Einen unheimlichen Augenblick lang dachte ich, sie wäre ins verkehrte Bett gestiegen und ich würde in den Zeitungen Schlagzeilen machen, wie etwa

5000 Pfund Schadenersatzklage gegen Yacht-Lustmolch. Eine beinahe wahre Geschichte vom Leben und Treiben an Bord.

Etwas Ähnliches war mir mal beim Kommiß passiert, als ich einen Freund bei einer anderen Einheit besuchte und für die Nacht eine leere Koje in einer Kasernenstube bekam. Um 3 Uhr morgens kamen zwei Militärpolizisten hereinmarschiert und fragten, wo Davis schliefe. Eine schläfrige Hand winkte in Richtung meiner Koje, und ehe ich wußte, was anlag, wurde ich in die Wachstube abgeführt – im Hemde.

Natürlich kam ich nicht mit, ohne den Mund aufzumachen. »Das können Sie nicht mit mir machen«, quäkte ich, »ich gehöre hier doch gar nicht hin. Ich bin Husar, und ich kenne den Burschen von Ihrem Oberst sehr gut. Das gibt Ärger für Sie, warten Sie nur.«

Sie zerrten mich nur weiter und murmelten: »Allright, Davis, du hast uns ganz schön in Trab gebracht, aber wir lassen dich nicht wieder ausreißen. Diesmal gibt's drei Jahre.«

Ich verlangte den Wachhabenden zu sprechen, aber der schlief (dafür gehört er erschossen), und ich wurde wie ein nasser Sack in eine Zelle geworfen, wo ich den Rest der Nacht über gegen die Tür ballerte wie in einem amerikanischen Zuchthaus. Beim Wecken klärte sich alles auf. Ich frage mich oft, ob sie den richtigen Davis geschnappt haben und was er wohl ausgefressen hat.

Sheila brachte mich in die Gegenwart zurück. Sie klagte, ihr würde schlecht.

Das brachte nun einen heiklen Punkt hoch. Die Toilette war in der Vorpiek, wo Biber schlief. Ich weiß es nicht mehr ganz genau, aber der Apparat war bestimmt weniger als einen halben Meter von seinem Kopf entfernt. Bevor wir ihn bitten konnten, Platz zu machen, unternahm Sheila einen verzweifelten Versuch, die Kajüttür zu öffnen, die prompt klemmte, und dann tauchte sie in die Vorpiek.

Ich glaube nicht, je zuvor eine solche Sprache einer Frau gegenüber gehört zu haben. Selbst Harry, der wirklich über den Verdacht erhaben ist, ein besonders aufmerksamer Gatte zu sein, fühlte sich zu einem Protest veranlaßt: »Biber, alter Junge, stell mal ein bißchen ab!«

Gleich darauf explodierte Biber aus dem Vorluk, trompetete wie eine Herde Wildgänse und schrie: »Mein Gott, es langt doch wohl, wenn man mitten in der Nacht außenbords geschmissen wird, da braucht einem doch nicht am Morgen auch noch ein Weib neben die Koje zu kotzen! Das ist mir noch nie passiert in all den Jahren, die ich segle ... Nie, nie! Ist das hier nun ein Boot oder eine Entbindungsanstalt? Das möchte ich gerne wissen!«

Das einzige, was wir tun konnten, war, uns nicht um ihn zu kümmern, und so fingen wir an, Frühstück zu machen. Wir lagen alle auf Händen und Knien in der Bilge, tappten in Wasserlachen in den Proviantspinden herum, als Arthur und Dennis erschienen und um Audienz bei Biber baten, der am Ufer auf und ab marschierte, in die Luft schnüffelte und vor sich hin murmelte: »Schwangere, bei Gott!«

»Boyur«, begrüßte uns Arthur, »wir vermuten, ihr denkt ja wohl nicht an Segelsetzen, wenigstens nicht, bis dieser Wind da 'n bißchen 'runter is, wie?«

Biber streckte sich angriffslustig: »Unsinn«, sagte er fest, »das ist doch nichts, nur so ein kleiner Morgenpüster, das ist alles.«

Ein Windstoß blies Arthur den Hut vom Kopf, aber Biber blieb ungerührt: »Wir starten gleich nach dem Frühstück«, sagte er. »Wenn wir so weitermachen, kommen wir nie nach Yarmouth. Wir haben schon sechs Stunden Verspätung.«

»Es weht tatsächlich mit 9 Beaufort«, warf Dennis in seiner präzisen Weise ein und zog ein zerfleddertes Segellehrbuch hervor, »in *Worthing's Yachting for every man* wird das definiert als ›leichter Gebäudeschaden kommt vor, Schornsteinkappen und Ziegel werden heruntergeblasen‹.«

»Ich sehe keine Schornsteinkappen fliegen«, gab Biber zurück, »sagt dein schlaues Buch auch etwas über die Broads? Etwas wie: Boote liegen den ganzen Tag in Potter Heigham herum und vertrödeln ihre Zeit?«

»Nein, aber es spricht von Skippern, die unverantwortlich unter Segel gehen.«

»Unsinn. Mach lieber ein bißchen fix, wenn du nicht abgehängt werden willst.«

»Wir sagen dir nach dem Frühstück Bescheid.«

Das Frühstück bei uns war eine klägliche Angelegenheit. Sheila konnte in ihrem Zustand nichts Gebratenes sehen, und Harry übernahm das Kochen. Nun ist Harry nicht gerade ein Superkoch. Tatsächlich ist es wohl kaum übertrieben zu sagen, daß er wahrscheinlich der schlechteste Koch ganz Europas ist. Seine Vorstellung von einem Spiegelei: Man schlage das Ei mit brachialer Gewalt gegen etwas Hartes, zum Beispiel auf das Deck, kratze dann die Überbleibsel mit einem Messer zusammen und kleckere sie in die Pfanne. Den Speck liebt er fast roh. Ich mag meinen gut durch. Er *war* fast roh. Andererseits – vermutlich als Ausgleich – war etwa ein halbes Pfund schwärzlicher Krümel mit meinem Ei vermengt ... So konnte ich mich eigentlich gar nicht beklagen.

Als wir halb fertig waren, lief die Gasflasche unbemerkt leer, und das Boot füllte sich mit widerlichem Gestank. Biber bekam es mit der Angst. Er hielt uns eindringlich vor, daß das Gas, schwerer als die Luft, in die Bilge sinken und später unterwegs explodieren würde. Er erzählte, wie eines Nachts in Burnham-on-Crouch ein Boot aufblohte und in Flammen auf die übrigen Boote trieb, wie weiland Drakes Brander, die Spaniens Armada vor Calais in Schrecken versetzt hatten.

Das Ende vom Lied war, daß wir die Bodenbretter 'rausnehmen und das Gas *ausösen* mußten. Ich habe selten etwas Absurderes gesehen als zwei erwachsene Männer, die ein Nichts unten aus einer Yacht schöpften und es sorgfältig über Bord kippten.

Zwei kleine Jungen von einer Motoryacht kamen, sahen uns zu und riefen: »Mutti, guck mal, diese ulkigen Männer auf dem Boot da.« Biber knurrte ihnen einen guten alten Seemannsausdruck für »Haut ab« zu, den sie in aller Unschuld an ihre Mutter weitergaben.

Eine männliche Stimme – vermutlich die des Vaters – mischte sich aus der Kajüte der Motoryacht in das Gespräch und sagte vernehmlich: »Sagt diesem Mann, daß ich mit dem Bootshaken 'rüberkomme, wenn er noch mal so was zu euch sagt.«

Ehrlich, ich bewunderte Biber, als er zurückgab: »All-right, wir haben selber einen Bootshaken, vielen Dank.«

Zum Glück hat der erzürnte Vater das wohl nicht mehr gehört.

Nach unserem symbolischen Frühstück ging ich los,

um ein Päckchen Zigaretten zu holen, und kam an Arthurs Boot vorbei. Ein aufreizender Anblick! In der Kajüte rekelten sich Arthur und Dennis in pantoffeltragender Gemütlichkeit, während Joan, schmutzig, naß, Haare im Gesicht, vor dem Kocher kniete wie ein Aschenbrödel.

»Joan«, rief Dennis aus der Kajüte, »auf meiner Grapefruit ist keine Kirsche.« Sie ließ von dem Ei ab, das sie in Arbeit hatte, und jagte im Kockpit umher auf der Suche nach einer Kirsche. Als sie wieder zu ihrer Bratpfanne konnte, sah das Ei ziemlich ledern aus. »Boyur«, grollte Arthur, »du weißt, mein Schatz, wie ich meine Eier will: außen kroß und weich in der Mitte.«

Joan sah hilflos auf das Häufchen vor sich, schmiß das Ei außenbords und fing von vorne an.

»Beeilung, Schätzchen«, rief Arthur, »ich habe meine Grapefruit auf.«

Joan sah tapfer zu mir hoch, entschlossen, das alles prima zu finden: »Ich sage ja, Mike, ist das nicht einfach Klasse?«

Als ich auf *Merryweather II* zurückkam, machten Biber und Harry schon die Segel los. Der Wind heulte unheimlich über die ebenen Felder und sang traurig in den Telefondrähten. Kaum ein Mensch war zu sehen. Ein Mann auf einer Yacht hinter uns plierte schläfrig

unter seinem Verdeck hervor und sah uns erschrocken zu, als wir klarmachten zum Segelsetzen.

Als alles fertig war, marschierte Biber zur *Quiet Dawn* hinüber und übergab ein Ultimatum. »Segelt ihr?« fragte er.

»Ich denke, wir bleiben hier und sehen, wie ihr klarkommt«, sagte Arthur, den Mund voll Spiegelei. »Wenn's bei euch gut geht, kommen wir nach. Wenn ihr Trouble habt beim Ablegen, können wir helfen, nicht?«

Dennis sagte noch: »Trink 'ne Tasse Kaffee mit uns, Biber. Und nebenbei, Joan, da waren 'n paar Krümel in der Tasse. Kann Kaffee mit Krümeln drin nich' ab.«

Joan rollte wild mit den Augen.

Biber wollte keinen Kaffee. Wir gingen zur *Merryweather II* zurück, die heftig hin und her schwang in den bösartigen Stößen des Windes. Harry sah besorgt aus.

»Es bloht auf, sieh mal, Biber«, sagte er, »meinst du nicht, wir warten lieber?« Wie zur Bestätigung flog eine Möwe mit Fahrt über den Achtersteven vorbei.

Biber überhörte die Frage. »Klar zum Loswerfen, Mike«, kommandierte er, »Harry, an die Vorschoten. Sheila, aus dem Weg.«

Es ist nie besonders einfach, von Potter Heigham auszulaufen. Der Fluß ist bloß 20 Meter breit, und an beiden Seiten liegen Boote. Dieses Mal stand der Wind genau von vorn, und erst nach dem Loswerfen merkten wir, wie stark er war. Eine heftige Bö packte *Merryweather II,* und das Boot holte über, daß das Seitendeck ins Wasser kam und alle Proviantspinde auf der Luvseite aufsprangen, so daß eine Lawine von Eiern über den Boden kullerte. Biber trat auf eines und saß plötzlich auf dem Hosenboden. *Merryweather II* schoß wie ein Pfeil über den engen Kanal und ballerte in eine Motoryacht, die auf der anderen Seite lag.

Ich habe viele Rammings auf den Broads mitgemacht. Sie sind in diesen überfüllten Gewässern unvermeidlich. Aber ich habe noch nie eine mit so viel Krach erlebt.

Der Stoß haute mich flach auf das Kajütdach, wo ich gestanden und mich am Mast festgehalten hatte. Als ich wieder auf die Beine kam, traf mein Ohr ein betäubender Aufschrei aus weiblicher Kehle, der aus den Eingeweiden des Kreuzers hervordrang.

Dann laut, in fürchterlichstem Kensington-Akzent: »Biste allright, Mutta?« Darauf vermehrtes Schreien. Ein gutgebautes Exemplar englischer Männlichkeit kletterte an Deck, einen Seidenschal um seinen Hals windend.

Wir schoren ab und begannen seitwärts den Fluß herunter auf die Brücke zu treiben. Ich hatte den einen Arm um das Vorstag und ein Bein auf einem anderen Boot und versuchte, den Bug herumzukriegen, wobei ich in Gefahr geriet, in zwei Teile zerrissen zu werden. Biber stieß eine Serie von völlig unverständlichen und überflüssigen Kommandos aus, wie: »Die Fock back... Staken nach Backbord... Sag dem Boot, es soll Platz machen...« Das fragliche Boot lag schon vier Tage dort.

Jung-Kensington sah bestürzt zu uns herüber. »Warum werfen Sie nicht Ihren Motor an?« rief er.

Biber war dem Platzen nahe, sagte aber nur, es gäbe Leute, die es vorzögen, keinen zu haben.

Harry rettete die Situation, indem er die Vorleine zu einem freundlichen Skipper auf einer Motoryacht hinüberwarf. Ich ließ die Fock fallen, ohne auf ein Kommando zu warten. Wir machten für eine kurze Gnadenfrist an dem Kreuzer fest.

Biber fragte: »Warum brüllt diese Frau so vor Lachen?«

»Sie lacht nicht«, klärte ihn Harry auf, »sie schreit hysterisch auf dem Boot da drüben. Ich glaube, sie hat's nicht gern, wenn du sie rammst.«

»Kein Wunder«, rief Biber, »wenn man an so einem blödsinnigen Platz festmacht... Es ist doch klar, daß hier mal jemand über Stag gehen möchte.«

Ein weiterer furchtbarer Aufschrei kam aus den Tiefen des gerammten Kreuzers. Mutter verlangte heftig nach ihrem Rodney. Er tauchte unter und sah sehr besorgt aus.

Sheila, die die ganze Zeit auf den Bodenbrettern herumkroch und versuchte, Lebensmittel zu bergen, und gerade Waschpulver aus einem geplatzten Paket zusammenkratzte, fing an, sich für die Sache zu interessieren: »Ich meine wirklich, du solltest mal 'rübergehen und sehen, wie es dieser armen Frau geht. Sie hört sich schrecklich an.«

»Natürlich ist die alte Kuh allright«, entrüstete sich Biber, »und was will sie denn eigentlich?« Plötzlich kam ihm ein Gedanke: »Die ist doch nicht etwa auch schwanger?«

Sheila überhörte die unpassende Bemerkung. »Schön, ich gehe mal nach ihr sehen; und ich denke, du solltest mitkommen.«

»Nein, ich komme nicht.«

»Doch, du mußt. Harry, Mike, er muß doch, nicht?«

»Ja.«

»Nein.«

»Schön, kommst du, wenn wir alle gehen?«

»Gut, aber das ist reine Zeitverschwendung, wir müßten jetzt in Yarmouth sein.«

Mutter erwies sich als stabil gebaut und in den mittleren Jahren. Sie ruhte auf einer Koje, umsorgt von Jung-Kensington, als wir an Bord kamen. Kaum betrat unsere Delegation die Kajüte, da stieß sie bei Bibers Anblick einen gellenden Schrei aus und konnte erst beruhigt werden, nachdem er wieder draußen war. Daraufhin schlich er an Deck herum, nach Atem ringend und vor sich hin murmelnd.

Biber hatte einen Stoß Unfallformulare mitgebracht und verlangte, der Sohn solle sie ausfüllen. Es gab ein kleines Zögern bei der Spalte »Wer ist nach Ihrer Meinung für den Unfall verantwortlich?«

Jung-Kensington schrieb schlicht den Namen unseres Bootes auf, was Biber standhaft damit konterte, daß er es durchstrich und darüber schrieb: »Höhere Gewalt.«

Mutter konnte sich nicht beruhigen. »Ich wußte ja,

daß wir nicht hierher fahren durften«, jammerte sie, »ich sagte dir ja, wir sollten nach Cromer gehen.«

Biber hatte keine Lust mehr, draußenzubleiben, und steckte seine dicke, häßliche und bärtige Visage in die Tür.

»Madam«, bölkte er, »wo ist Ihr Gatte?«

Mit diesen Worten erzielte er eine höchst interessante Wirkung. Die Frau gab einen ungeheuerlichen Schrei von sich, und Jung-Kensington brach in Tränen aus.

»Mein Vater«, sagte Rodney, von Schluchzen geschüttelt, »ist mit einer anderen Frau abgehauen. Ich hab' Mutta auf diese Fahrt mitgenommen, damit sie sich davon erholte . . .«

Offensichtlich konnten wir nichts mehr tun. Wir schlichen schweigend aus der Kajüte, und Biber murmelte in gutgemeinter rauher Herzlichkeit in seinen Bart: »Tut mir leid mit Ihrem Mann, Madam, hoffentlich kommt er bald wieder. Aber denken Sie dran, es gibt viele Kieselsteine am Strand.«

Wieder an Bord, sah sich Biber mit einer Meuterei konfrontiert. Harry trat einen Schritt vorwärts, salutierte mit der Hand an der Stirn und sagte in nachgemachter Marinemanier: »Bitte um Vergebung, Euer Ehren, aber die Crew hat beschlossen, sie will erst segeln, wenn das Wetter besser ist.«

Darauf Biber: »Ha, ha, wahnsinnig komisch! Nun aber schnell die Fock hoch, damit wir das Schiff herumkriegen . . .«

Wir erklärten höflich, aber bestimmt, daß wir nicht segeln würden, und stakten *Merryweather* über den Fluß zurück. Selbst das war bei dem Sturm nicht einfach. Biber setzte sich gleich an seine Gezeitentafeln, um nachzusehen, ob wir nach dem Lunch fahren könnten. Die Crew von *Quiet Dawn* saß im Kockpit, schlürfte Cocktails und kaute Gewürzgurken.

»Boyur«, rief Arthur, »wir sahen, wie ihr in der Klemme wart. Ich sagte ja Biber schon, er würde heute hier nicht 'rausgehen, und ich habe recht gehabt.«

»Joan«, meckerte Dennis, »hier fehlt die Kirsche im Cocktail, und in den nächsten muß mehr Gin.« Joan steckte ihren Kopf aus dem Niedergang, Kartoffelschalen ringelten sich um ihre Hände, nahm das Glas und sah mich mit einem Blick an, der etwas Wildes an sich hatte.

»Ich sag' ja, Mike«, rief sie, »ich sah euch diesen Kreuzer rammen! Klasse, wie ihr das gemacht habt!«

Ruhig floß der River Thurne vorbei.

Ein paar nützliche Knoten

Der Zeitknoten: Zufällig erfunden, als ich ein Boot mit einer kurzen Leine festmachte und nach drei Stunden daran dachte, daß der Tidenhub dort 2 Meter betrug. Als ich zum Boot zurückkam, stellte ich erleichtert fest, daß der Knoten genügend Lose gehabt und daher die Leine um das richtige Maß nachgegeben hatte. Der Knoten wird folgendermaßen gemacht: Lege eine Bucht und schiebe sie über den Poller. Lege mit dem losen Tampen ein Auge über die stehende Part. Halte dieses Auge mit der einen Hand in seiner Stellung fest und ziehe mit der anderen Hand das Boot ein bißchen heran, um etwas Lose zu bekommen, und lege weiter unten noch ein Auge. Nun halte die beiden Augen in ihrer Stellung fest, hebe die erste Bucht vom Poller ab – und zwar mit den Zähnen, falls man nicht mit einer dritten Hand gesegnet ist – und stecke sie durch das erste Auge. Halte alles sorgfältig in seiner Stellung fest und gehe langsam viermal um den Poller. Trete mit einem Fuß auf das Ende (denke dabei immer daran, die drei Augen nicht auszulassen) und gehe dann in der anderen Richtung herum. Lasse die Augen schließlich nacheinander über den Poller fallen.

Großmütterchens Webleinsteg: vorzüglich geeignet, um das Boot eines anderen festzumachen (vor allem, wenn man diesen anderen nicht riechen kann). Auch gut geeignet, um Hosen auf Position zu halten. Nimm den freien Tampen des Festmachers auf und binde ihn

zweimal um den Poller. Vorsicht, dabei nicht auch das eigene Bein einwickeln, sonst müßte der Skipper womöglich zwischen dir und seinem Boot die Wahl treffen. Wirf den Tampen der freien Part über die stehende Part, laß es ein paarmal herumschwirren, richte dich lässig auf, reibe die Hände und sprich mit fester Stimme: »Okay, Skipper, festgemacht.« Am besten bleibt man auf der Leine stehen, bis keiner mehr zu sehen ist.

Der Mungel: um aufsässige Crewmitglieder dingfest zu machen, ein alter Teeklipper-Knoten. Lege das Ende um den Hals des aufsässigen Seemannes und gib einem Kameraden den anderen Tampen. Dann ziehen beide in verschiedener Richtung, bis die Meuterei aufhört.

Vier

Um 12 Uhr gingen wir alle in die Kneipe, außer Joan, die mit einem von diesen exotischen Gerichten beschäftigt war, das Dennis zum Lunch bestellt hatte. Und außer Sheila, die als Mitglied der allgemeinen Frauengewerkschaft freundlicherweise ihre Hilfe angeboten hatte. Biber brachte einen Armvoll Seekarten und Gezeitentafeln mit und bedeckte damit die ganze Bar.

»Also dann«, sagte er, »hinter Acle Bridge haben wir die Tide gegenan, so können wir also keine Zeit vertrödeln. Wir müssen so schnell wie möglich 'raus, am besten nach diesem Bier.«

»Biber«, sagte Dennis, »guck dir mal die Bäume da draußen an.« Sie beugten sich tief im Sturm. Im gleichen Augenblick öffnete ein Einheimischer die Tür, und ein heftiger Windstoß fegte Bibers ganze Karten auf die Erde.

»Boyur«, sagte Arthur, »wenn es so ist, kannst du nicht segeln. Denk dran, was heute morgen los war.«

»Da war nur die dumme alte Kuh auf der Motoryacht dran schuld. An der Stelle festzumachen! War doch klar, daß wir da 'rauskreuzen mußten.«

»Vielleicht haben sie da festgemacht, um dicht am Ufer zu liegen«, bemerkte Harry ruhig.

Diese Spitzfindigkeit kam bei Biber nicht an, aber wir erreichten, was wir wollten. Er war einverstanden, zu warten, bis der Wind nachließ, unter der Bedingung, daß wir nicht noch eine Nacht in Potter Heigham blieben. Als wir beim dritten Glas waren, erschienen die Mädchen, zerzaust und windgerötet. Joan ließ Anzeichen von Meuterei erkennen. Auf die Frage, was sie trinken wollte, antwortete sie hysterisch: »Einen doppelten Gin«, und stieß ein irres Lachen aus.

»Ich hoffe«, sprach Dennis mit fester Stimme, »du hast dran gedacht, das Fleisch anzubraten, bis es braun war, bevor du es in den Schmortopf getan hast. Und hast du die Weinflaschen zum Kühlen außenbords gehängt?«

Joans Antwort bestand darin, ihren Gin-Tonic mit einem Zug zu leeren und töricht zu kichern. So etwas habe ich schon öfter gesehen bei Mädchen, die segeln gehen wollen. Sie fahren 'raus, voller Freude und Erwartung, angelockt von Anzeigen, die ihnen eine Woche Sonnenbaden auf dem Kajütdach vorgaukeln, während die Yacht vor einer sanft-heiteren Brise dahineilt. Schon nach dem ersten Tag, durch und durch naß, erschöpft vom Kochen auf den Knien, die Hände rauh vom Schotenreißen und vermutlich leicht unwohl in der Magengegend, denken sie anders.

Diese Verwirrung geht zum Teil auf das Konto von solchen Modegeschäften, die »Segelkleider« anbieten und Werbebilder vertreiben mit furchtbar mageren Bikini-Mädchen, die überall auf den Booten drapiert sind in sehr luftigen Sachen, die nach Meinung so eines Modezeichners auf das Wasser passen. Diese Sachen sind gewöhnlich gut, um an Land getragen zu werden, haben aber nicht das geringste zu tun mit dem, was man beim Segeln wirklich braucht.

Das wichtigste für ein weibliches Segeloutfit: Es muß unempfindlich sein gegen heißes Fett, kochende Suppe und ähnliche Scherze. Es braucht nicht wasserdicht zu sein, denn keinen Menschen kümmert es, ob die beklagenswerte Joan oder Fanny oder Susi trocken bleibt — solange sie nur dreimal am Tag Essen liefert. Es muß große Taschen haben für Messer, Zigaretten, Stablampe, Streichhölzer, Pricker und Bändsel, damit all dieser Kram an die männlichen Besatzungsmitglieder abgegeben werden kann, die ihr eigenes Zeug vergessen haben und dafür die Mädchen an Bord anmeckern.

Weibliche Segelkleidung muß ferner so beschaffen sein, daß man sie in einem Raum von einem Meter Höhe anziehen kann, und groß genug, damit sie den Männern paßt, wenn sie etwas davon brauchen. An Stelle der flotten, bunten Häkelmütze sollte die Kopfbedeckung besser aus einer an der Stirn befestigten Taschenlampe und einem am Nacken angebrachten Büchsenöffner bestehen . . .

Wir blieben zu lange in der Bar und waren schwer in Fahrt, als wir herauskamen. Biber sagte: »Gut also, dann ist alles klar, wir essen schnell und dann gleich 'raus.« Nicht eine Stimme des Widerspruchs erhob sich, und dabei standen wir neben einem Zeitungsaushang mit der Schlagzeile: *Schwere Verwüstungen in Norfolk durch 60-Knoten-Sturm.*

Die berühmte alte Brücke von Potter, in deren Nähe wir festgemacht hatten, ist sehr niedrig und eng. Yachten müssen ihre Masten niederlegen, und selbst Motorboote müssen Aufbauten wie Verdecke und Windschutzscheiben abnehmen. Als wir beim Lunch saßen, versuchte ein Motorboot mit einer Frau am Ruder, mit full speed unter der Brücke durchzugehen, stieß an den Brückenbogen, und das ganze Kajütdach flog nach hinten über das Heck.

Wie haben wir gelacht! Ich habe Biber nie so fröhlich gesehen, fast wäre er erstickt. Nichts ist der guten Laune beim Segeln so zuträglich, wie jemand anderen in der Bredulje zu sehen. Wir saßen einfach da und konnten nicht mehr vor Lachen.

Unsere Fröhlichkeit fand ein jähes Ende, als wir den Körper eines bejahrten männlichen Wesens sahen, der hinter dem Heck des Kreuzers aus und ein tauchte, hoffnungslos in einer Leine verfangen. Offenbar hatte er auf dem Achterdeck gesessen und war heruntergefegt worden.

Zu behaupten, ich sei kein Held, wäre ein Understatement. Wenn die Pflicht ruft und Gefahr im Verzuge ist, dann werdet ihr den alten Green sehen, wie er sich im Hintergrund klarhält, immer bereit, einen Kompromiß vorzuschlagen. Aber hier ging selbst ich so weit, meine Schuhe auszuziehen, bevor ich ins Wasser sprang.

Da wurden wir durch das Rufen eines einheimischen Bootsführers abgestoppt, der sich in einen Außenborder klemmte und hinter dem Kreuzer herfuhr. Der brauste immer noch mit voller Pulle stromaufwärts, und der alte Mann tauchte aus und ein wie eine Schildkröte, während sich seine Familie im Steuerstand stritt, wer schuld war.

So ging es 200 Meter weiter, bis das Schreien des Bootsführers sie veranlaßte, achteraus zu sehen und festzustellen, daß Schwiegervater nicht mehr an Deck saß, aber auch dann merkten sie noch nicht, wo er eigentlich war, und fingen an, überall an Bord nachzusehen. Als sie ihn entdeckten, gab die Frau einen Schreckensschrei von sich und fuhr mit full speed ins Ufer, wo der alte Knabe aus der Wuling gewickelt und geborgen wurde. Offengestanden hatte ich nicht geglaubt, daß er noch am Leben sei, aber er setzte sich plötzlich auf, schüttelte das Wasser aus den Ohren und sagte laut: »Wann geht der nächste Zug zurück nach Nottingham?« Ich glaube, er bekam ihn, denn eine halbe Stunde später sah ich ihn, wie er seinen Koffer zu einem Taxi trug.

Unser Lunch war ein frugales Mahl. Es gab eine undefinierbare Pastete — aber drüben auf *Quiet Dawn* bog sich die Back, und sie baten uns, zuerst auszulaufen, damit sie ihren Wein zu Ende trinken konnten.

Dieses Mal wollte Biber nicht riskieren, quer über den Fluß zu segeln, und so stakten wir uns an den festgemachten Booten entlang. Der Wind war selbst dafür zu stark. Sobald man den Staken am Heck aus dem Wasser nahm, fiel der Bug ab, und wir wurden seitwärts auf die Brücke zu geblasen.

Staken ist eine von den alten Künsten auf den Broads, die aussterben. Heutzutage starten die Leute einfach den Motor, wenn sie nicht segeln können — und auch wenn sie es können. Aber wir haben keinen Motor und behelfen uns lieber mit dem »hölzernen Toppsegel«, wie es die Oldtimer nennen, auch wenn uns dabei das Wasser in die Ärmel dribbelt und wir fast ins Wasser fallen oder selber abbrechen, wenn der Staken im Schlick steckenbleibt. Es gibt einem eine gediegene Befriedigung, wenn man über Deck marschiert, die Schulter an den Staken gedrückt wie ein Verliebter, und ich bedaure nur, daß ich nie einen von diesen großen Flußkähnen gestakt habe. Allerdings habe ich es gesehen, es ist ein unwahrscheinlicher Anblick, wenn ein Mann mit weiter nichts als einer riesigen Stange 30 bis 40 Tonnen von der Stelle bewegt.

Ich liebe das Staken tatsächlich so sehr, daß ich zuzeiten vom Staken als von »meiner Braut« rede und begeistert von meiner Geliebten spreche, wie ein Kricketspieler von seinem Lieblingsschläger. Aber heute bekam ich einen dicken Splitter in die Hand (»Dein Liebling hat dich gebissen«, sagte Harry dazu), und eine Schar von blutdürstigen Zuschauern in Regenmänteln sammelte sich auf der Brücke, eine Sensation witternd, und gab alberne Bemerkungen von sich, wie: »Papi, warum fährt das Boot da seitwärts?« Außer uns war kein anderes Boot unter Maschine oder Segel unterwegs. Alle Welt hatte sich unter die Verdecke verkrochen, horchte auf das Kreischen des Windes und das gelegentliche Klatschen von feinem Regen auf dem Segeltuch.

Arthur und Dennis hatten ihren Wein getrunken, als wir vorbeikrochen, und waren bei Likör und Zigarren. Von Joan war wieder nur das Hinterteil im Niedergang zu sehen; sie suchte nach Dennis' Tabaksbeutel. Ich rief ihr etwas Aufmunterndes zu und wurde mit einem unverständlichen Krächzen belohnt, wobei eines der Worte so klang wie »Klasse«.

Arthurs listiges Grinsen verhieß nichts Gutes. »Boyur«, rief er, »wir lassen euch gut klar von uns laufen, bevor wir lossegeln.«

Bibers Plan war, am Ende der festgemachten Boote Segel zu setzen; dort gaben Bungalows und Bäume etwas Windschutz, und es war mehr Raum zum Manövrieren. Wir hatten gerade mit Segelsetzen angefangen, als ein Arbeiter von einer Bootswerft, der vom anderen Ufer aus mit brummigem Gesicht zugesehen hatte, uns zurief: »Sie segeln doch woll nicht bei so 'nem Wetter?«

»Doch«, sagte Biber.

»Sie dürfen nicht segeln«, kam die Antwort, »Sie

sind woll verrückt. Sie kommen hier 'runter in die Ferien und rutschen hier auf'm Fluß 'rum, als wenn Sie 'nen Kran fahren ...«

Das saß.

»Ich hatte dreihundert solche Leute wie Sie im Krieg unter meinem Kommando«, unterbrach ihn Biber. Das stimmte allerdings nicht ganz, denn er hatte zwar 300 Mann unter sich gehabt, aber das waren zwangsrekrutierte Eingeborene auf Maultieren gewesen. Der Mann war nicht auf den Mund gefallen.

»Ah«, sagte er, »und ich habe 300 solche, wie Sie einer sind, im Krieg umgelegt. Und jeder von denen konnte besser mit 'nem Boot umgehen als Sie.«

Harry beendete den Streit. Er warf einfach los, und bums, tauchte er in die Kajüte, als *Merryweather* unter der Fock herumschwang.

Ich muß schon sagen, es war ein bißchen aufregend, als wir nun mit haarsträubendem Dampf über den Fluß schossen, aber dieses Mal hatten wir genügend Platz zum Wenden und für den nächsten Schlag. Biber war am Ruder, Sheila an den Vorschoten, Harry rauchte Zigaretten für uns alle an, und ich war vorn, klarte auf und hielt Ausguck nach Hindernissen.

Das erste war eine große Segelyacht, bemannt von vier jungen Burschen, die außer Kontrolle geraten war und mit blanken Spieren flußaufwärts schoß. Erst dachten wir, sie liefen unter Motor, aber als wir vorbeikamen, rief einer von den Jungens: »Wie können wir dieses Ding abstoppen?« Sie kamen hinter einer Flußbiegung außer Sicht, und in der Ferne hörten wir es »Boyur« brüllen und sahen einen wild schwankenden Mast.

Höchst erfreulich.

Das nächste Fahrzeug war ebenfalls eine Segelyacht, auch außer Kontrolle, aber diese hatte eine Maschine. Ein Mann und eine Frau waren an Bord. Sie hatten den Kajütverschlag offengelassen. Die Böen waren zu stark für den winzigen Außenbordmotor – bei dem großen Freibord der Yacht, und sie trieben seitwärts mitten im

Fluß. Sie rangen die Hände. (So machen es die Leute, wenn sie einen Hilfsmotor haben. Sie sitzen einfach hilflos da, wenn das verfluchte Ding nicht laufen will.) Für mich bestand kein Zweifel, daß wir sie später auf der Reise wieder treffen würden, Maschine auf full speed und alle Segel oben . . .

Etwa eine Viertelmeile weiter unten war plötzlich eine Flaute. Das Ächzen in den Bäumen hörte auf, es herrschte vollständiges Schweigen. Biber machte diesen Schlag kürzer wegen eines Fischers, der in Flußmitte in einem Motordingi herunterfuhr, und *Merryweather II* zitterte unangenehm, als wir im Wind lagen. Im nächsten Moment zog eine dicke Bö über das Wasser. Sie riß richtig eine kleine Wasserspirale hoch, und als wir abfielen, schleuderte sie uns auf einen Bungalow zu, der unten am Wasser lag. Biber wollte anluven, aber es war zu spät, *Merryweather* reagierte nicht rechtzeitig.

Von meinem Platz am Bug hatte ich ein vorzügliches Bild perfekten Familienlebens vor mir, als wir schnurstracks auf die Glastüren des Bungalows zuhielten. Es war so die Art von Vision, wie sie Politiker vom normalen, glücklichen britischen Heim zu malen pflegen. Tränen wären in jedermanns Augen getreten, der es gesehen hätte. Da war Vater, Endvierziger mit leichter Glatze, Pfeife rauchend und in der »News of the World« lesend. Großpapa döste in einer Ecke. Mutter strickte, während ein weißhaariges altes Großmütterchen in der anderen Hälfte der »News of the World« las (dem Teil mit den etwas schlüpfrigen Gerichtsreportagen), genußvoll mit der Zunge vor sich hin schnalzend. Ein niedliches blondhaariges Mädchen, etwa acht Jahre alt, spielte mit einem glucksenden Baby auf dem Teppich. Freundlich glühte das Kaminfeuer.

Die Szene änderte sich augenblicklich, als Mutter aufsah und unsere 5-Tonnen-Sloop erblickte, die mit ihrem langen, spitzen Klüverbaum auf die Glastüren zuraste. Ich konnte nichts hören, aber ich sah sie alle wie in einem lebenden Bild schreckerstarrt dasitzen, als *Merryweather* auf sie zuhielt.

Ich dachte, der Klüverbaum würde sich direkt durch den Fernseher bohren. Tatsächlich kam er nicht ganz bis zu den Glastüren, denn als er über die hölzerne Uferwand am Ende des Rasens vorstieß, wurden wir ruckartig durch das Wasserstag abgestoppt, das sich tief in das verrottete Holz einfraß.

Drinnen im Bungalow regierte vielleicht nicht gerade die Hölle, aber bestimmt hatte sie eine sichere Mehrheit. Arme und Beine fuchtelten durcheinander, und dann starrten fünf Augenpaare durch die Glastür (ausgenommen das Baby). Bei uns an Bord war alles Ruhe und Ordnung, alle Mann lagen flach auf dem Bauch, und das Boot war vorn eisern fest.

Ich sprang an Land und gab einschmeichelnde Laute in Richtung auf die Familie von mir. Vater versuchte, gegen den Wind die Türen zu öffnen, allerdings ohne Erfolg. Ich hoffte schon, wir könnten wieder auf und davon sein, bevor weiterer Ärger entstand. Ich versuchte den Bug abzustoßen, aber es tat sich nichts. Schließlich lag ich auf dem Rücken und drückte mit den Füßen ab. Immer noch passierte nichts. Das Wasserstag blieb fest in das Holz geklemmt.

Die Bungalowtüren gingen endlich auf und Vater trat hervor, gefolgt von seiner Sippe. Das kleine Mädchen mit den Goldhaaren sah jetzt sehr viel weniger attraktiv aus. Sie hatte einen bösen Ausdruck und flötete: »War das nicht unartig, Mami, war das nicht unartig von diesem Mann, so was zu tun?« Der alte Großvater murmelte etwas von »so 'nen verdammten Schonern, die auf dem Kanal 'rumrasen«. Aber Vater war von milderer Gemütsart. Er wußte auf dem Fluß Bescheid. Kam er nicht jedes Jahr von Leicester zu seinem Bungalow am Wasser?

»Hör auf zu maulen, Phoebe«, kommandierte er die Unmündige, und zu uns gewandt :»Kann ich Ihnen einen Schubs geben?« Ich bat ihn, mit der Hand fest am Bug zuzupacken und mit aller Kraft zu schieben, ebenso wie ich. Wir drückten, aber nichts spielte sich ab. Vater zog seinen Rock aus, legte seine Schulter gegen das Boot, beugte sich in einem furchterregenden Winkel über und schob noch tüchtiger. Dieses Mal fiel er glatt aufs Gesicht.

»Es geht nicht, Biber, wir sitzen fest«, rief ich. »Wir sind auf diesem Bungalow auf Grund.«

»Quatsch!«

Biber kam mit Harry an Land. Wir alle schoben. Selbst der Großvater machte mit, aber nur mit dem Erfolg, daß seine schöne Brille herunterfiel und einen qualvollen Augenblick lang über der Flußkante schwebte, bis Harry sie rettete. Nach diesem kritischen Ereignis zog sich die Familie zurück außer Vater, der dablieb und nutzlose Vorschläge machte wie etwa: »Schrauben Sie doch diesen langen Stock da ab, der vorn heraussteckt.«

Als wir schon dachten, wir müßten ewig dableiben, erinnerte ich mich an die Sammlung von seemännischem Krimskrams in Bibers Seesack, die jedes der Menschheit bekannte Werkzeug enthielt und wahrscheinlich noch ein paar unbekannte dazu.

»Warum sägen wir das Boot nicht frei?« schlug ich vor.

Biber starrte mich ärgerlich an. »Meinst du etwa, den Klüverbaum absägen?« knurrte er, »was für ein verdammt dämlicher Vorschlag.«

»Nein«, antwortete ich, »die Pier durchsägen.«

So machten wir es dann schließlich. Wir sägten ein großes Dreieck aus der hölzernen Uferwand, das am Wasserstag baumelte, als wir losfuhren. Die Familie winkte uns einen freundlichen Abschied. Das war doch wenigstens ein Ferienerlebnis gewesen — wenn wir auch fast ihren Bungalow abgetakelt hatten.

Wir waren eben frei, als Arthur, Dennis und Joan vorbeisegelten. Sie schrien und winkten so doll, daß sie fast aus dem Ruder liefen und uns beinahe rammten. Von Joan waren nur ein paar wilde Augen über dem Kockpitwaschbord zu sehen. Sie stand natürlich am Herd und bereitete heiße Grogs.

Biber war wütend. Kaum war der letzte Holzsplitter

ab, befahl er abzusetzen und »diesen schwimmenden Gin-Palast« zu verfolgen. Der Wind war genauso schlimm wir vorher, und bis wir endlich unterwegs waren — nach einigen aufregenden Startversuchen, bei denen wir fast wieder in den Bungalow hineingesegelt wären —, waren die anderen schon ein gutes Stück auf und davon. Wir verloren sie außer Sicht und gerieten dann in ein scheußliches Stück, wo die Bäume und Bungalows aufhörten und der Wind ungehindert über die freie Fläche fegen konnte. *Quiet Dawn* steckte in den Binsen fest, wild schwankend, und Dennis stach mit einem Staken um sich. Der Anblick ergötzte uns unbeschreiblich.

Unser Macker war jetzt das einzige Fahrzeug weit und breit, das auf dem Fluß zu sehen war. Wir kreuzten in Richtung Thurne Mouth herunter. Der Wind legte zu, wenn das überhaupt noch möglich war, und der Regen stob. Wir gingen noch fünfmal in die Binsen, nahmen die Fock herunter und gingen wieder hinein. Als wir Thurne Dyke erreichten, hatte selbst Biber genug, und es wurde beschlossen, die Nacht über da zu bleiben.

Thurne Dyke ist ein hübsches kleines Altwasser des Hauptstromes, ungefähr 200 Meter lang. Die Landschaft ist typisch für diese Gegend: flache Wiesen mit schwarzbuntem Vieh darauf, so weit das Auge reicht. Windmühlen hier und da am Horizont, und eine besonders gut erhaltene steht neben dem Kanal. Als das Marschland der Broads vor 300 Jahren trockengelegt wurde, setzte sich der Boden, und die meisten Wiesen lagen unterhalb des Wasserspiegels. Die Windmühlen wurden also zum Wasserpumpen und nicht zum Kornmahlen gebaut. Thurne Mill steht allein, aber neben vielen anderen Mühlen steht noch ein verfallenes Häuschen für die Dampfpumpe, die inzwischen durch eine moderne elektrische Pumpstation ersetzt ist.

Gewöhnlich sieht man hier viele weiße Segel, die scheinbar über die Wiesen fahren, in Wirklichkeit aber von den Booten auf den Flußläufen stammen. Aber heute waren *Merryweather* und *Quiet Dawn* allein auf weiter Flur.

Als ich vor ein paar Jahren zum erstenmal nach Thurne Dyke hineinsegelte, lief ich tüchtige Fahrt vor dem Wind und merkte, daß kein Platz zum Aufdrehen war. Wir zischten das Hafenbecken entlang, und das Ende kam drohend näher. Unser Baum fegte fast über die festgemachten Boote, und es war nicht abzusehen, wie das klargehen sollte. Da erinnerten wir uns an den Schlickklotz, ein Grundgewicht, wie es auf den Broads zum Ankern benutzt wird. Es war ein Wettrennen gegen die Zeit, bis wir das Ankergewicht aus der Vorpiek gezerrt und achtern festgemacht hatten. Dann konnten wir es endlich werfen und kamen mit einem Ruck zum Stehen. Ich habe in vielen Yachtbüchern nach einem Tip für solche Lagen gesucht und nichts gefunden. Anscheinend befassen sich die Autoren lieber mit tiefgründigeren Problemen.

Biber ging mit ungewöhnlicher Vorsicht ans Werk, nahm die Segel bereits in der Einfahrt herunter und ließ das Boot zum Liegeplatz treideln. Ich dachte bei mir: »Der Gute wird alt.« *Quiet Dawn* kam eine halbe Stunde nach uns. Wir hatten drei Stunden gebraucht für eine Strecke, die man normalerweise in einer Stunde macht. Selbst Biber war das nicht entgangen; er verbrachte den Abend damit, einen neuen Reiseplan zu entwerfen.

Das letzte, woran ich mich vor dem Einschlafen erinnern konnte, war das Kreischen des Windes und das Trommeln des Regens auf dem Kajütdach – und wie Biber sagte: »Start bei Hellwerden, wir müssen zum Lunch in Yarmouth sein ...«

Windskala für Segler wie unsereins

Windstärke in Bft.	Bezeichnung des Windes	Auswirkungen auf dem Wasser	Auswirkungen an Land	Windgeschw. in Knoten
0	Flaute	Boot bewegt sich seitlich mit der Tide	Zigarettenrauch geht ins Auge	weniger als 1
1	leichter Luftzug	Gewöhnliche Segler setzen Segel, dann bleibt der Wind sofort weg	feuchter Finger fühlt sich kühl an	1— 3
2	schwache Brise	Papierservietten fliegen von der Reling	Kneipen schließen ein Fenster	4— 6
3	leichte Brise	Boote legen sich auf die Seite. Unter Segeln kaum mehr Tee zu kochen	Kneipen schließen zwei Fenster	7—10
4	mäßige Brise	Gasflamme geht immer wieder aus	Bierschaum fliegt davon	11—16
5	frische Brise	Segler unserer Sorte holen »Seemannschaft« aus der Kajüte und suchen das Kapitel »Reffen«	Gäste in Gartenkneipen gehen 'rein an die Bar	17—21
6	starke Brise	Segler wie wir versuchen zwei Reffs zu stecken — u. gehen auf Schiet	Ältere Gäste haben Schwierigkeiten beim Verlassen der Kneipe	22—27
7	mäßiger Sturm	Segler wie wir werden durch Rettungsboot geborgen	Kneipentür läßt sich gegen den Wind nicht mehr öffnen	28—33
8	Sturm	Aaaaaaah ...	Wirtshausschild wird heruntergeblasen	34—40
9	starker Sturm	Alle Segler in der Kneipe	Wir werden von herabfallendem Wirtshausschild getroffen	41—47

NB: Die Beaufortskala geht zwar noch bis 12 weiter; es ist aber nicht anzunehmen, daß irgendein Wind über Stärke 9 unsereins noch interessieren könnte; es sei denn im Fernsehen.

Fünf

Wieder hatten wir eine unruhige Nacht, dieses Mal wegen Harrys Schnarchen. Das waren nun wirklich ganz fürchterliche Geräusche. Mein alter Wagen gab damals ähnliche Töne von sich, kurz bevor er mitten auf einer belebten Kreuzung seinen Geist aufgab. Ein recht außergewöhnliches Erlebnis, denn der Wagen löste sich einfach auf. Seine einzelnen Teile waren alle gleichzeitig am Ende, und der Wagen fiel auseinander, machte noch einen Satz über die Straße und traf einen Baum. Die Scheinwerfer, die sechs Monate lang gestreikt hatten, leuchteten plötzlich strahlend auf und wollten gar nicht verlöschen. Ich erinnere mich, daß der Polizist mich fragte, warum ich beim Autofahren am linken Hosenbein ein Fahrradklammer trüge. Ich erklärte ihm, daß immer, wenn der Wagen durch eine Pfütze fuhr, ein Wasserstrahl an der Handbremse hochschoß, und so hatte ich diese Vorsichtsmaßnahme eingeführt. Er hingegen dachte, ich wollte ihn auf den Arm nehmen.

Aber nun genug von dem Wagen. Segler, die finden, Schnarchen in dem engen Raum einer Kajüte sei eine Zumutung, kennen eine ganze Menge von Methoden, um es abzustoppen, und wir haben sie alle versucht. Mein Verfahren besteht darin, dem Missetäter einen kurzen scharfen Schock zu verpassen, zum Beispiel dicht neben seinem Ohr laut in die Hände zu klatschen. Das habe ich fünf Minuten lang getan, bis jemand vom Boot nebenan rief: »Es macht mir nichts, daß Ihr Freund schnarcht, aber müssen Sie ihm denn, zum Teufel, noch Beifall klatschen?«

So gaben wir dieses Verfahren auf und versuchten Bibers Methode. Er glaubt, man solle immerzu »Hör' auf mit Schnarchen« in das Ohr des Übeltäters *flüstern*. Diese Botschaft würde dann in das Unterbewußtsein eindringen, so sagte er, und das Schnarchen würde aufhören. Er kniete also neben Harry nieder, was ungefähr so aussah, als wenn er an einer Totenbahre betete, und flüsterte auf ihn ein. Keine Wirkung, und das Flüstern wurde lauter und lauter, bis er schließlich mit Stentorstimme brüllte: »Stell das Schnarchen ab!« Harry wachte prompt auf und fragte, was denn dieser ganze Krach solle.

Zehn Minuten später, als wir alle wieder lagen, war es mit ihm wieder genauso schlimm. Ich dachte, der Mast käme von oben, so sägte Harry. Ich war immer noch davon überzeugt, daß ein scharfer Schock es schaffen würde, und so spritzte ich ein paar Tropfen Wasser auf Harrys Gesicht. Das Schnarchen schwoll zu einem grandiosen Krescendo an, und er wachte auf. Dieses Mal mußte er uns versprechen, erst einzuschlafen, wenn wir alle schliefen. Zweimal schlief er vor uns ein, wir weckten ihn auf und sagten ihm, er solle warten. Dann fielen wir endlich in tiefen Schlummer.

In dieser Nacht träumte ich von meinem alten Vorfahren, Jem Green. Ich war auf einer sturmgeschüttelten Ketch am Absaufen, als Jem mit einem Rettungsboot auftauchte. Er trug ein gewaltiges Ölzeug von viktorianischem Schnitt und rief mir zu, ich sollte jumpen.

Ich versuchte mich über die Reling zu schwingen und schaffte es nicht. Bleigewichte hingen mir an den Füßen. Als das Boot eben versank, stieß Jem einen lauten Ruf aus, und ich wachte auf. Dann merkte ich, daß der Lärm nicht aufhörte.

Ich brauchte eine kleine Weile, bis ich wußte, wo ich war. Als ich richtig da war, ortete ich Biber als Geräuschquelle. Er saß mit ausgestreckten Armen bolzengrade in seiner Koje, die Augen fest geschlossen, und schrie wie am Spieß: »Jump 'rüber . . . jump 'rüber . . .« Darauf versank er in ein gräßliches Gurgeln, gab schließlich einen lauten Schrei von sich, fiel auf den Rücken und schlief wie ein Baby.

Der Krach hatte Arthur aufgeweckt, der es sowieso liebt, nachts umherzuwandern, und er kam und trampelte in seinen schweren Schuhen herum und brachte uns alle hoch. Er nickte weise mit dem Kopf, als er hörte, was passiert war, und erzählte, daß Biber und er vor vielen Jahren über einem unter Wasser liegenden Pfahl geankert hatten. Als das Wasser fiel, durchbohrte er glatt den Schiffsboden. Sie wachten mitten in der Nacht auf und sahen überall Wasser lecken. Biber unternahm heldenhafte Versuche, im letzten Moment etwas zu retten, und war deshalb noch in der Kajüte, als das Boot sich endgültig auf die Seite legte. Er schwamm auf, seine Hand umklammerte krampfhaft eine Zahnbürste. Seitdem hatte er es jedesmal mit Alpträumen, wenn er im Boot unterwegs war.

Von uns allen blieb allein Biber von dieser ganzen Aufregung unberührt, und sein schweres Atmen zeigte, daß wenigstens er eine gute Nachtruhe hatte.

Wir wachten um 7.30 Uhr auf; es war ein herrlicher sonniger Morgen. Der Sturm hatte sich ausgeweht, und zum erstenmal fühlte ich mich richtig auf Urlaub. Ich stand sogar zuerst auf, denn ich war dran mit dem Morgentee. Ein ganz ungewöhnlicher Zufall wollte es, daß Joan auf *Quiet Dawn* ebenfalls Tee machte.

Als ich Biber seine Tasse brachte, wollte er wissen, weshalb dieser ganze Spektakel mitten in der Nacht eigentlich gewesen war. Er beschwerte sich, Arthur und ich hätten ihn aufgeweckt, wir hätten uns über irgendwas gestritten. Als ich ihm sagte, daß er der Mittelpunkt des ganzen Aufruhrs gewesen war, wollte er es nicht wahrhaben.

»Quatsch«, sagte er, »ich habe die ganze Zeit geschlafen, bis ihr mich geweckt habt.«

Er senkte seine Stimme zu einem vertraulichen Flüstern: »In Wirklichkeit, alter Junge, denk' ich, es war Sheila, die euch gestört hat. Diese schwangeren Frauen kriegen so komische Touren, weißt du. Ich hab' sie genau beobachtet. Sie hat so einen abwesenden Blick in den Augen. Ich würde ihr in diesem Zustand nicht das Ruder geben.«

Gegen 9 Uhr waren wir unterwegs. Eigentlich hätte es ein leichtes Segeln werden müssen, denn der River Bure war hier recht breit. Aber es waren so viele Angler da, daß wir gewissermaßen in einem engen Rohr entlangschipperten. Angler können nie verstehen, warum ein Segelboot auf dem Fluß Zickzack fahren muß, und weil sie aus irgendeinem Grund meinen, es sei leichter, eine 5-Tonnen-Yacht herumzuwerfen als eine 2-Unzen-Leine einzuholen, muß es Ärger geben.

Als wir über Backbordbug recht auf einen Angler zuhielten, der seine Leine nicht einholen wollte und uns nur aus den Augen anblitzte, kam es zu einer Kraftprobe. Im letzten Augenblick zog er die Leine ein und rief: »Warum können Sie nicht geradeaus segeln?« Wir hatten keine Zeit, es ihm zu erklären. Arthur, der selbst etwas angelt, versuchte hinter uns wirklich, sich nicht um den Wind zu kümmern und seinem Anglerkameraden Platz zu machen. Das einzige Resultat seiner Freundlichkeit war, daß er unaufhaltsam anluvte und genau auf eine Art Anglernistplatz zuhielt von dem sich die Angler, nach dem herumliegenden Abfall zu urteilen, seit Monaten nicht weggerührt hatten.

Takt ist nicht gerade Arthurs starke Seite. Als die Angler aufgeregt auf und ab sprangen und ihn beschimpften, fing er an, ihnen schlichte Ratschläge zu geben, wie: »Wirklich, lieber Freund, hier werden Sie nie etwas fangen, versuchen Sie doch mal weiter unten mit etwas Hering anzufüttern.« Damit segelte er weiter, zufrieden seine Pfeife schmauchend. Zu meiner Überraschung sah ich, daß ihm eine Horde von Anglern folgte, die am Ufer entlangrannten, wütend ihre Klapphocker in der Luft schwangen und altes Brot auf das Boot warfen, während Arthur mit dem Kopf nickte und vor sich hin summte.

Es dauerte fünf Minuten, bis er endlich entdeckte, daß sich eine vollständige Angel mit Leine an seinem Vorschiff verheddert hatte. Er hatte viel zuviel Angst, das Angelgerät persönlich an Land zu bringen. Er warf das Ganze ans Ufer und machte, daß er weiterkam.

Mit diesen Anglern – und weil gerade die morgendliche Rush-hour auf den Broads herrschte – war es nicht einfach. Der Fluß war angefüllt mit sechs Segelbooten, die kreuz und quer wendeten, und einem Dutzend Motoryachten, die versuchten, in beiden Richtungen durchzukommen. Eine davon war ein fahrbares Orchester von gitarrespielenden Jünglingen, die mit Höchstfahrt mitten durch die ganze Flotte preschten, zwei Segelboote ans Ufer trieben und ein halbes Dutzend Angler mit ihrem Swell unter Wasser setzten.

Jedes Jahr gibt es immer mehr und immer größere Motorboote. Ich verstehe nicht, warum man ihre Zahl und Größe nicht einschränkt. Da jeder blutige Laie ein 12-m-Boot mieten kann, ohne den Schimmer einer Ahnung von der Seestraßenordnung zu haben, können solche Boote eine Gefahr für alle werden.

Segelboote sind natürlich besonders gefährdet, vor allem, wenn sie kreuzen. Der ideale Motorskipper pirscht vorsichtig heran und geht kurz hinter dem Heck des Segelbootes herum, wenn dieses wendet oder wenn man ihm ein Zeichen gibt. Unglücklicherweise kann ein Segelbootskipper auf den Broads nicht anzeigen, was er vorhat, weil er bei dem unregelmäßigen Wind und dem Gedränge auf dem Fluß nicht weiß, was er als nächstes zu tun hat. Ein neues Signal wäre vonnöten, vielleicht ein Fragezeichen im Want, mit der Bedeutung: »Ich weiß nicht, was gleich passiert bei diesem Wind!«

Natürlich will ich auch den Motoryachten nicht unrecht tun. Jedesmal, wenn ich an Bord so eines Kreuzers bin, kann ich mich nicht genug wundern über den gesunden Menschenverstand der Motorbootcrews und die Verrücktheit der Steuerleute auf den Segelbooten. Nur wenn ich auf einem Segelboot bin, finde ich, daß alle Motorskipper blinde, taube und mißvergnügte Sonntagsfahrer sind. Wenn mich dagegen ein Motorboot in Schlepp nimmt, erfüllt mich pure Bewunderung für ihre unbeirrbare Höflichkeit und ihre navigatorischen Fähigkeiten. Dieses Gefühl hält mindestens fünf Minuten vor.

Biber gab mir für einen Augenblick das Ruder und verschwand nach unten. Selbst wenn Biber das Ruder abgibt, hat man nie das Gefühl, man hätte wirklich das Kommando. Droht auch nur von ferne Gefahr, wird er dir das Ruder aus der Hand reißen und dich für die anschließende Ramming beschimpfen. Dieses Mal beglückwünschte ich mich gerade, daß ich für ein paar Minuten das Boot für mich allein hätte, als sich das Luk über dem Lokus öffnete und Biber seinen Poller heraussteckte und rief: »Nicht so kneifen. Etwas voller halten!«

Nach Entdeckung dieses neuen Schiffsführungsstandes war Biber in Hochstimmung; er blieb eine geschlagene halbe Stunde da sitzen und gab Befehle von sich.

Bei Acle Bridge stoppte *Quiet Dawn,* die vor uns lag, um den Mast zu legen. Biber wollte sie überholen und entschied, die Brücke zu »schießen«, das heißt den Mast in Fahrt niederzulegen, durchzufahren und ihn auf der anderen Seite der Brücke in Strommitte wieder zu setzen.

Der Mast auf den Broads-Booten ist drehbar und trägt am unteren Ende ein schweres Kontergewicht. Theoretisch ist es ganz leicht, ihn zu setzen oder zu legen, indem man die Last auf das Vorstag nimmt, aber in der Praxis hat das Vorstag keinen Zug mehr, wenn der Mast beinahe waagerecht liegt, und man muß sehr aufpassen, daß er nicht 'runterkracht.

Zu Anfang ging alles verdächtig gut. Wir nahmen etwa hundert Meter vor der Brücke die Segel herunter, und Harry langte nach dem Vorstag. Ich hatte beide Füße fest auf das Gegengewicht unten am Mast gestellt als zusätzliche Sicherheit, und Biber zog vorsichtig am Mast, um ihn in Bewegung zu bringen. Er fing gerade an, sich zu rühren, als eine Motoryacht dicht an uns vorbeibrauste, und der Swell brachte Harry von den Füßen. Biber verlor ebenfalls das Gleichgewicht und klammerte sich instinktiv an den Mast, wodurch der nur noch schneller von oben kam. Das einzige, was noch eine Kraft in der anderen Richtung ausübte, war das Gegengewicht — und ich, der darauf stand.

Manchmal wünschte ich, ein Ingenieur würde genau die Kräfte ausrechnen, die, in Kilopond ausgedrückt, auf mich einwirkten, als der Mast abrauschte. Sie würden wahrscheinlich ausreichen, um etwas ganz Ausgefallenes zu bewirken, etwa zwei Dutzend Eier hundert Meter weit zu werfen. Jedenfalls genügten sie, um mich in die Luft und außenbords zu schleudern. Einen flüchtigen Moment lang sah ich Harrys erstauntes Gesicht unter mir an Deck, und dann war ich tief auf Tauchstation im River Bure. Ich erinnere mich, daß ich mich über den Salzgeschmack des Wassers wunderte, wo wir doch noch ein Dutzend Meilen von der See entfernt waren.

Ich habe einen Horror davor, unter einem Boot aufzutauchen, und so schwamm ich kräftig unter Wasser weiter, meine Hosen blähten sich von der Luft, die in ihnen eingeschlossen war, bis sie sich voll Wasser saugten und mich wie Bleigewichte nach unten zogen. Wie meistens bei solchen Gelegenheiten schwamm ich in verkehrter Richtung und tauchte neben dem Heck von *Merryweather II* auf. Meine Lage war nicht rosig, aber nach dem, was ich sehen konnte, ging es mir im Wasser immer noch am besten. Das Ruder schwang herrenlos hin und her, weil Sheila, die es halten sollte, hilflos dasaß, eingesponnen in Tauwerk; der Himmel allein weiß, warum der Mast ihr nicht auf den Kopf gefallen war. Biber lag offensichtlich leblos auf dem Kajütdach, und Harry stocherte mit dem Fuß zaghaft in dem Trümmerfeld herum.

Als ich mich an Bord hievte, hob Biber den Kopf und sagte: »Großer Gott, was ist passiert?«

Eine vertraute Stimme ertönte vom Ufer: »Boyur«, kamen die Blut- und Boden-Laute von Arthur, »ihr habt den Mast da wohl 'n bißchen fix 'runtergeholt, wie?«

Tatsächlich hatten wir trotz des Chaos erreicht, was wir uns vorgenommen hatten: Wir trieben auf gut Glück unter der Brücke durch, verfolgt von den Blicken der unvermeidlichen Schar blutdürstiger Vampire. Der einfachste Weg, das Durcheinander zu klarieren, war, den Mast wieder zu setzen, aber das mußte schnell gehen. Man treibt bei Acle Bridge nicht lange quer zum Strom, ohne daß man von jemandem auf die Hörner genommen wird.

Harry zog am Vorstag, ich stand wieder auf dem Gegengewicht, und Biber stemmte vom Kajütdach. Der Mast kam ächzend ein paar Zoll hoch und blieb dann hängen, weil die Wanten sich hinter den Ecken des Kajütdachs verfangen hatten. Biber warf sie frei, kommandierte mächtig »Zuuuu—gleich«, und wir alle zogen. Dieses Mal stoppte uns ein schriller Schrei von Sheila, die auf Bibers strikte Weisung hin unbeweglich in der Klinsch vom Tauwerk gesessen hatte und nicht wagte, sich zu rühren, damit nicht alles noch schlimmer würde.

Ein Ende hatte sich irgendwie um ihr Fußgelenk gewickelt, und sie wurde kopfüber am Mast hochgezogen. Ich hatte vorher noch nie gesehen, wie eine Frau kopfüber an einem Mast baumelt, und ich muß sagen, das war ein hochinteressantes Schauspiel. Wenn es nicht wegen der Zuschauer gewesen wäre, hätte ich tatsächlich gern versucht, Sheila bis zum Topp hochzukriegen — aber so mußten wir sie doch besser abnehmen.

Schließlich kam der Mast hoch, der Fuß sprang in seine Spur, und ich schlug den Sicherungsriegel fest.

»Segel setzen!« kommandierte Biber.

Das war leichter gesagt als getan. Das ganze laufende

Gut hatte sich in obskure Knoten vertörnt, die richtig zu lösen Stunden gekostet hätte. (Wie kommt es eigentlich, daß sich ein Ende, wenn es sich selbst überlassen bleibt, zu einem Knoten verschlingt, der viel komplizierter ist, als Menschen ihn je erfinden können?) Ich versuchte gerade, das Fockfall zu klarieren, als Biber rief: »Klar zum Absetzen!« Wir trieben sachte auf einen Motorkahn zu, der am Ufer festlag.

Wir streiften ihn wirklich nur mit einem ganz leichten Stoß. Doch ein Mann mit rotem Gesicht und blauem Pullover erschien und machte ein Theater, als hätten wir ihn mit full speed gerammt. Er fragte, warum wir ausgerechnet »hier herunter« kämen. Dann wollte er noch wissen, ob wir nur auf dem Fluß herumschipperten, um anderen Leuten die Farbe zu zerkratzen. Es fällt mir auf, daß diese Art Leute ihre Meckereien eigentlich immer von einem Schiff mit hübschem Maschinchen von mindestens 20 PS loslassen. Nie habe ich einen von dieser Sorte gesehen, der wirklich segelte. Auf die Segler zu schimpfen und einen blauen Jumper zu tragen und wie ein Seemann auszusehen, das ist die eine Seite; eine ganz andere aber ist es, selber zu segeln. Richtige Segler beschimpfen einander so gut wie nie (außer natürlich bei Regatten).

Unglücklicherweise kamen wir nicht los von dem Kerl, weil in dem Durcheinander beim Mastsetzen offenbar ein wichtiges Ende ausgerauscht war, und während wir leise schaukelnd längsseit lagen, stand er nur da und deckte uns mit seinen Beschimpfungen ein. Schließlich konnten wir es nicht länger ertragen. Harry wartete, bis wir ablegen konnten, setzte unseren Bug ab, und als er uns in Sicherheit wähnte, gab er mit großer Lautstärke eine Bemerkung von sich, die, in eine feinere Sprache übersetzt, etwa so lauten würde: »Warum gehen Sie nicht fort, Sie, der Sie hier kein Recht zu beanspruchen haben!«

Wie haben wir gelacht! »Das wird er sich merken«, kluckerte Biber, als wir wendeten, »dieser Schafskopf, dieser wild gewordene Verrückte.« Der nächste Augenblick bereitete unserer Fröhlichkeit ein jähes Ende. Der Wind blieb weg, und wir trieben hilflos zurück auf den Kahn.

Das Rotgesicht war noch da. »Sag das bloß noch mal«, bellte er, »dann werd' ich euch schon was sagen, ja!«

Wieder stießen wir sachte gegen den Kahn. Das wirkte, als wenn wir eine verborgene Feder in dem Mann ausgelöst hätten. Denn nun beschimpfte er uns fünf Minuten lang ohne Strich und Komma, während wir die ganze Zeit kümmerlich hin und her lavierten, ohne dabei von der Stelle zu kommen, und jedesmal, wenn wir herumgingen, bekamen wir eine neue Ladung verpaßt. Endlich kamen wir klar, und als wir abzogen, hatte Biber das letzte Wort:

»Würden Sie bitte noch mal alles wiederholen?« rief er, »ich bin nämlich schwerhörig.«

Der Vorfall kostete uns den Vorsprung vor Arthur, der mit einer kleinen Privatbrise vorbeischlich, aber hinter der Brücke holten wir ihn ein, und dann folgte eine grimmige Schlacht um die Führung. Arthur segelte nach Vorschrift und verlangte sein Recht nach den Wettfahrtregeln.

»Gib Raum, Biber, du alter Kloß!« bölkte er, »weißt du nicht, daß das Luvboot nach Regel 38 mitluven muß, wenn keine Überlappung besteht?«

Biber wußte das nicht, er erfand gewöhnlich seine eigenen Regeln: »Gib Raum, Arthur, siehst du nicht, daß ich voll und bei vorbei will?« Als er damit keinen Erfolg hatte, griff er sich einfach den Bootshaken und schob Arthurs Heck herum. Einmal, als wir dicht beieinander segelten, konnte ich Joan in der Kajüte sehen. Sie schlug zufällig gerade Eier in eine Schüssel . . .

Mit solchen kleinen Späßen verging die Zeit vergnüglich genug, und wir kamen zu dem kleinen Dorf Stokesby, zwei Meilen flußabwärts. Biber rief Arthur zu, daß wir für einen Drink stoppen sollten.

Arthur war einverstanden und fing an, *Quiet Dawn* ans Ufer zu manövrieren. Da passierte eine dolle Sache. Beim Längsseitgehen kam er dicht an einem Motorkreuzer vorbei, der auf Gegenkurs lief, und Dennis' Katze, die kläglich auf dem Vorschiff miaut hatte, sprang auf das andere Boot.

Das ging blitzschnell, und ich war der einzige, der es bemerkte. Ich rief und fuchtelte wie wild, aber der Kreuzer war bald außer Rufweite, und als Arthur und Dennis kapierten, was ich wollte, war er schon um die Ecke und lief mit 6 Knoten auf Acle zu, und die Katze leckte sich auf dem Achterdeck die Pfoten.

Da gab es nur eins. Arthur warf *Quiet Dawn* herum, nahm wieder Kurs flußaufwärts und lief mit Wind von hinten, aber weit abgeschlagen, dem Kreuzer nach. Am Steven stand Dennis, laut rufend: »Sie haben unsere Katze an Bord, geben Sie uns unsere Pussy wieder!«

Sie verschwanden ebenfalls hinter der Biegung. Die Sonne schien, und alles war still außer dem Plätschern des Wassers und den in der Ferne verklingenden Klagerufen: »Pussy . . . Pussy . . .« Es war ein großer Friede in unseren Herzen, als wir zum mittäglichen Schoppen schritten.

Rolling down zu Burnham (ein Seeshanty)

Ich saß einmal im Yachtclub
und lauschte auf den Wind
und peilt' ein süßes Mädel,
war lecker wie mein Gin.

Kehrreim:

Mit 'nem Rifo, Rifo,
steck es auf den Mast – oh,
oweh, oweh, sieh bloß fort.

Wie sah sie aus so reizend
im derben Segelkleid,
so lichtete ich Anker
und ging bei ihr längsseit.

Kehrreim.

O Mädchen, Mädchen, Mädchen,
wann nimmst du mich zum Mann? –
Ach nein, ach nein, das geht nicht,
ich bin nämlich mit einem netten Jungen verlobt,
der arbeitet bei einer Ölfirma.

Kehrreim.

Sechs

Unser Lunch war eine symbolische Handlung. Sheila hatte Spaghetti aufgesetzt und mußte sie dann allein lassen, weil sie versuchte, uns aus der Kneipe zu zerren. Als wir schließlich an Bord kamen, waren die Spaghetti mit dem Topfboden verschmolzen. (Ein Vermögen dem Erfinder von nicht backenden Spaghetti!) Wir vergnügten uns damit, sie abzukratzen und in Soße, Pfeffer und allem, was uns sonst noch in die Finger kam, zu wälzen. Ehe wir fertig waren, kam *Quiet Dawn* in Sicht und machte an der Verladepier fest. Erst konnten wir die Katze nicht sehen, bis Harry sie schließlich entdeckte, wie sie aus dem Kajütfenster linste mit einem Ausdruck, der deutlich erkennen ließ, daß sie noch Böses im Sinn hatte.

Dennis brachte sie zu uns herüber und erzählte, was passiert war. Offenbar war der Kreuzerskipper nur ein paar hundert Meter weitergefahren, als die Katze ihm in den Nacken sprang. Das gab ihm einen solchen Schock, daß er prompt ins Ufer brauste und schwor, er würde nie wieder einen Tropfen anrühren. Die Katze ließ sich nicht fangen, sie konnten machen, was sie wollten. Mann und Frau stürzten in einer atemberaubenden Jagd über das ganze Boot hinter ihr her, aber sie kriegten sie nicht zu fassen. Als Dennis vorbeisegelte und »Pussy, Pussy« flötete, riefen sie ihn voller Dankbarkeit heran und boten ihm fast noch Geld an, wenn er sie nur von dem Tier befreite.

Natürlich machten wir ein großes Wesen um die Katze, die aus Dankbarkeit eine Dose Sardinen auffraß, ins Rigg enterte und nicht wieder herunterkommen wollte. Schließlich mußten wir den elenden Mast noch einmal niederlegen.

Biber war über den Aufenthalt wütend. Sobald die Katze geborgen war, setzten wir Segel. Von Stokesby ab rollt der River Bure fröhlich durch flache Wiesen, bis man nach etwa 3 Meilen zum Stracey Arms Hotel kommt. Danach, wenn man der Mündung bei Yarmouth näher kommt, wird der Fluß schmutzig, schlickig, übel und tückisch, eine Falle für Segelboote, die nicht aufpassen, mit seinen Untiefen, Schlickbänken und Stromwirbeln. Bei Niedrigwasser ist die Fahrrinne stellenweise nur noch ein paar Meter breit.

Dazu passend änderte sich das Wetter, als wir bei Stracey Arms vorbeisegelten. Schwarze Wolken verdunkelten die Sonne, und eine kalte Brise sprang uns an. Gegenan natürlich. Der Wind kommt immer von vorn, wenn man segelt, es sei denn, man möchte ihn aus irgendeinem Grunde so haben – in diesem Falle geht er 'rum und bläst von achtern. Glaubt nicht an den alten Rees, daß der Wind mit der Tide umspringt. Er wechselt je nach der Person, die segelt. Ich brauche nur in ein Boot zu steigen – und er geht vollständig herum, wenn nötig, wird er sogar senkrecht nach oben blasen. Er weiß, daß ich komme. Wie oft bin ich losgefahren, den Wind im Gesicht, und hoffte auf einen hübschen leichten Törn zurück; aber er springt natürlich um, kaum daß ich das Boot auf Kurs Heimat gedreht habe.

Ich erinnere mich, wie das passierte, als ich nach Emsworth in Chichester Harbour einzulaufen versuchte, mit dem Ergebnis, daß die Tide herumging, als ich nur noch 400 Meter vom sicheren Port entfernt war. Wir blieben eine halbe Stunde bewegungslos auf der Stelle liegen, und dann stieß einer von der Crew einen Angstschrei aus und rief: »Land springt überall um uns herum heraus!« Und so war es. Mit dem Ablaufen des Wassers kamen große Stücke des Landes buchstäblich auf das Boot zu marschiert. Zum Schluß holte das Land uns ein, und wir verbrachten die Nacht in einem Ozean von Schlick.

Biber haßte diesen Teil des Bure, den »grausamen Bure«, wie er ihn nannte. Er haßte ihn wie ein lebendiges Wesen, und er schwor, er könne hören, wie der Fluß ihn auslache und sich über seine Anstrengungen lustig mache, wenn er gierig über die Schlickbänke wirbelte.

Seine Ängste waren berechtigt. Es dauerte nicht lange, bis das Boot bei einer Wende sanft zum Stehen kam, und wir wußten, daß wir saßen. Nun, das Abkommen vom Schlick ist einer von diesen Testfällen, bei denen sich zeigt, ob jemand ein guter Rauhaarseemann ist oder nicht. Das erste ist Staken in den Grund, entweder um das Boot auf dem Wege, auf dem es gekommen ist, zurückzusetzen, oder um den Bug herumzukriegen. Wir versuchten es, und der Staken sank einen guten Meter in den Schlick ein. Dann setzten wir den Staken ans Ufer, aber ein Stück Erde gab nach, und Harry fiel nach vorn, die Hände am Ufer und die Füße auf dem Boot – eine menschliche Brücke.

Biber entschied dann, daß wir, um den Sog unter dem Kiel zu unterbrechen, den »Totentanz im Schlick« aufführen müßten. Dabei springen alle auf dem Achterschiff auf und nieder, um das Boot zu rütteln, und gleichzeitig drückt am Bug einer mit dem Staken ab. Das Schlimme bei dieser Methode ist, daß es für die Betroffenen ein schrecklich ernstes Unterfangen ist, aber die anderen, die zusehen, denken, sie sind betrunken. Leute in vorbeifahrenden Booten zeigten sich aufs höchste erheitert. Sie kamen alle an Deck und schüttelten sich vor Lachen und baten Biber um den nächsten Tanz, verlangten einen Schuhplattler und lauter solche Späße.

»Guck den Fettwanst da!« kreischte eine vollschlanke Matrone auf einer Motoryacht.

»Ja, ich sehe Sie gut, Madam«, gab Biber als Antwort zurück, während er wie ein Verrückter auf dem Achterdeck herumtanzte.

Nun bringt der »Totentanz im Schlick« nicht so viel wie mit der Pinne hin und her schlagen, um den Kiel freizubekommen. So griffen Harry und ich zum letzten Mittel, und während Biber das Ruder machtvoll von Bord zu Bord schwang, sprangen wir über die Seite in den Dreck und schoben den Bug herum. Es wirkte, und als *Merryweather* freischwang, kletterten wir an Bord zurück und krochen nach achtern, wobei wir eine

Schmutzspur von schwarzem Schleim an Deck zurückließen, als wenn ein paar riesige Weinbergschnecken dort entlanggekrochen wären.

Nebenbei, man muß sich vorsehen bei diesem Außenbordspringen. Ich hüpfte einmal auf unserem Hollandtörn über Bord, als wir festsaßen, und merkte, daß das Wasser nur einen Fuß tief war. Der Grund war grober Kies, und ich verknaxte mir den Fuß, und das mitten auf einem Binnenmeer. Ich kam mir sehr dämlich vor.

Alles war maßlos traurig bei uns an Bord, mit dem Dreck überall – bis wir *Quiet Dawn* etwas weiter unten auf Schiet sahen. Eine Motoryacht war ihr beim Kreuzen vor den Bug geschoren und hatte sie so weit auf das Ufer getrieben, daß eine Kuh ihre Schnauze über das Vorschiff steckte. Als wir vorbeikamen, fing sie gerade an, das Deck mit der Zunge abzulecken, und ihre Stallgefährten kamen angaloppiert, um mitzumachen. Wir hörten Dennis bölken: »Haut ab, ihr Drecksviecher«, und er versuchte, sie mit dem Staken in die Flucht zu jagen, während Joan achtern kauerte und sich Mühe gab so auszusehen, als wenn ihr das alles einen Mordsspaß machte. Ich bemerkte, daß ihr fleckenloses Frauenmagazin-Segelkleid schon mit Schlick, Fett und Tomatenketchup beschmiert war. Als wir sie hinter der Biegung aus Sicht bekamen, zeigte ein lautes Muh, daß Dennis mit seinem Staken einen Volltreffer gelandet hatte.

Biber wollte Arthur unbedingt bis Yarmouth schlagen und legte seine Schläge zu dicht unter das Ufer, so daß wir zwei Minuten später wieder festsaßen. Arthur segelte vorbei, als wir den Bug mit dem Staken herumsetzten, und *Merryweather* ging auf dem anderen Bug über den Fluß. »Klar zum Wenden«, sagte Biber optimistisch, als wir uns dem Ufer näherten, und dann kamen wir sachte zum Stehen, als ob eine Hand den Kiel festhielte. Wir saßen wieder. »Los, über Bord mit euch«, sagte Biber gereizt, als alles andere nichts brachte.

Wir saßen da und sahen ihn böse an.

»Sitzt nicht 'rum«, meckerte Biber, »die Tide fällt, während ihr hier die Zeit vertrödelt.«

»Dann mach mal schnell, wär' das nicht besser?« sagte Harry.

»Was, ich über Bord? Du spinnst wohl?«

Wir blieben stur sitzen, und Biber fing an zu jammern. Er würde ja 'rübergehen, aber er hätte im Kriege Malaria gehabt, und die könnte davon wiederkommen. Schließlich verlegte er sich aufs Betteln: »Ihr kriegt alle 'nen doppelten Whisky in Yarmouth«, und wir wußten, wir hatten gewonnen. Am Ende wäre es uns aber beinahe lieber gewesen, wir hätten nicht gewonnen, denn er machte ein solches Theater, weil er ins Wasser mußte, und er sackte so tief in den Schlick ein, daß wir außenbords mußten, um ihn wieder an Bord zu holen. Dann lag er keuchend an Deck, aber danach paßte er besser auf.

Wir überholten Arthur, der fest auf Dreck saß, und zwar auf einer berüchtigten flachen Stelle dicht bei Smiths Kartoffelchipsfabrik in Yarmouth. Arthur muß diese Stelle lieben. Jedenfalls verbringt er hier jedes Jahr mindestens eine halbe Stunde. Einmal blieb er eine ganze Nacht über auf dem Schlick sitzen. Damit sich das Boot nicht auf die Seite legte, wenn das Wasser fiel, schwang er den Baum an Land aus und legte ihn mit dem Grundgewicht auf der Erde fest – auch so ein richtiger Rauhaarsegler-Trick.

Eine andere Methode, das Boot in solch unangenehmer Lage aufrecht zu halten, besteht darin, den Staken als Stütze in den Schlick zu stecken. Es ist wichtig, das Boot nicht überliegen zu lassen, denn wenn das Wasser anfängt zu steigen, kann das Boot im Schlick auf der Seite liegen bleiben und vollaufen. Vor zwei Jahren kamen wir an einem jungen Paar vorbei, das mit seinem Boot festsaß. Wir hörten, wie sie sagten: »Es macht ja nichts, wenn wir die Nacht über hier bleiben.« Sie beantworteten unsere Warnung mit einem mitleidigen Lächeln – Biber war, wie üblich, ein bißchen grob gewesen –, aber am nächsten Tage sahen wir sie traurig am Ufer stehen; das Boot war voll von schlickigem Wasser.

Ich wünschte, die Lehrbücher brächten solche Hinweise, wie ich sie gerade gegeben habe. Da wird langatmig erklärt, wie man zwei Enden zusammenbekommt (warum der Umstand? Kauft doch ein längeres); oder wie man den Boden frei von Bewuchs hält; oder was man tun soll, wenn man einen ausländischen Hafen anläuft; haufenweise kleine Zeichnungen, wie man den Anker aufnimmt und so weiter; aber nichts darüber, was zu tun ist, wenn irgendein Trottel das Boot hoffnungslos auf den Schlick gejagt hat.

Man könnte natürlich ein Notsignal zeigen, wenn man festsitzt, aber wahrscheinlich würde sich niemand darum kümmern. Einer meiner Freunde, der auf dem Hamble segelt, hat eine wunderschöne Sammlung von Signalen; sie reicht von »Ich lösche Sprengstoff« bis »Bitte stoppen, ich habe eine wichtige Nachricht für Sie«.

Eines schönen Sonnabends kamen wir in Southampton Water auf Grund, und da wir nichts Besseres zu tun hatten, setzten wir die internationale Flagge F, was bedeutet: »Ich habe einen schweren Schaden, treten Sie mit mir in Verbindung.« Boote kamen und gingen. Einige ganz nahe. Einige wenige riefen Grüße herüber, aber niemand wußte, was das Signal bedeutete. Dann setzten wir auch noch die Nationalflagge umgekehrt, und als das nichts half, heißten wir Flagge O, »Mann über Bord«. Noch immer nahm niemand Notiz von uns, obwohl die *Queen Mary* nur eine Meile entfernt mit Kurs auf Southampton vorbeifuhr. Man sollte doch meinen, daß auf einem so dicken Schiff irgend jemand sein mußte, der Flaggensignale kannte.

Als letztes Mittel schossen wir einen elenden, kleinen roten Stern, den mein Freund schon 13 Jahre in Erwartung einer äußersten Notlage aufgehoben hatte. Aber es passierte weiter nichts, als daß das Boot in Qualm gehüllt wurde, und ein Mann, der in einem Motorboot vorbeikam, meinte: »Bißchen früh für Feuerwerk, was?« Der Himmel allein weiß, was passiert wäre, wären wir wirklich in Not gewesen.

Yarmouth, in dessen Nähe wir nun kamen, ist die

höchste Bewährungsprobe für den Broads-Skipper. Der Gezeitenstrom wirbelt bösartig am Yachthafen vorbei, und gleich dahinter warten drei niedrige Brücken darauf, einem den Mast zu kitschen. Um das Maß vollzumachen, sind da eine hohe Pier und ein paar Häuser, die einem den Wind nehmen, und auf der anderen Seite liegt ein häßliches Flach.

Es ist ein immer wiederkehrendes Vergnügen für die Eingeborenen, an Sommerabenden zum Yachthafen herauszupilgern und den Booten beim Anlegen zuzusehen. Sie kommen nicht etwa, um sich daran zu erfreuen, wie die schnittigen Bootskörper ans Ufer gleiten, nein, sie wollen sich am Angst- und Schreckgeschrei weiden, wenn besagte schnittige Bootskörper gegen die Eisenbahnbrücke knallen und das Holz splittert und kracht. Selten werden sie enttäuscht.

Sonntag abends ist die beste Zeit, denn Yarmouth liegt wie ein Flaschenhals zwischen den nördlichen und südlichen Teilen der Broads, und dann kommen alle Yachten in dichtem Gedränge herein, um mit der Morgentide weiterzugehen. Diese Woche hatte das stürmische Wetter am Sonntag alle aufgehalten, und dafür war Montag abend Großbetrieb. Die Pier lag schon voller Boote, als wir einbogen, und der Wind, bisher beständig gegen uns, fing an, in unregelmäßigen Stößen auf die Pier zu zu blasen.

Jedoch hat Biber, was auch sonst seine Fehler sein mögen, wenigstens einen gesunden Respekt vor Yarmouth. In der Theorie gibt es alle möglichen Dinge, die man tun soll, aber die goldene Regel lautet: so schnell wie möglich längsseit zu kommen, so daß, falls etwas schiefgeht, noch Zeit ist, etwas zu veranlassen, bevor man auf die Eisenbahnbrücke bummst. Biber ging herum und schlich mit loser Großschot zurück über den Fluß. Der Strom nahm uns fast die ganze Fahrt, und als wir nahe an der Pier waren, fierte er die Piek, um den Wind aus dem Großsegel zu nehmen, und Harry sprang mit der Leine auf eine dort liegende Yacht und machte uns fest. Abgesehen davon, daß wir mit unserem Baum fast ein Mädchen auf der anderen Yacht ins Jenseits befördert hätten, lief alles recht friedlich ab.

Irgendwie habe ich zwar den Eindruck, als fände die Methode nicht den Beifall der Royal Yacht Squadron, aber sie funktioniert. Kein Zweifel, in der Theorie hätten wir für kurze Zeit auf der anderen Seite des Flusses ankern, Segel bergen und herüberstaken sollen, aber als wir es das letzte Mal so versuchten, brachten wir Stunden auf Schiet zu.

Sobald die Segel unten waren, kletterten wir auf die Pier, um uns zu den blutdürstigen Vampiren zu gesellen und den anderen Yachten beim Anlegen zuzusehen. Dieses Schauspiel möchte ich um keinen Preis missen. Das ist meine jährliche Erholung, und der Gedanke daran hält mich in den langen Wintermonaten aufrecht.

Das erste Boot war eine Bermuda-Sloop mit einem Flitterwochenpärchen an Bord. Allerdings wußte ich das nicht ganz sicher, aber sie mußten Flitterwöchner sein, denn jedes zweite Wort war Darling.

Als sie um die Biegung kamen, sagte er: »Darling, würdest du bitte nach vorn gehen und das Grundgewicht herausnehmen, Darling?«

Die junge Frau ging nach vorn und sah hilflos aus.

»Wo ist es, Darling?«

»In der Vorpiek, Darling, unter dem Luk, Darling.«

Mit dem Strom sausten sie auf die Brücke los.

»Kannst du das Gewicht finden, Darling? Es ist ziemlich eilig, meine Süße.«

»Ja, ich suche es, Darling, aber es liegt eine Menge Gepäck drauf, Liebster.«

Darling blickte voller Besorgnis zur Brücke hin.

»Oh, mach bloß schnell, Darling. Wir stoßen sonst an die Brücke.«

»Ich beeile mich ja, Darling, du mußt bloß etwas langsamer fahren.«

Pause. – Darauf: »Darling, um Gottes willen, hol dieses verdammte Grundgewicht 'raus und hör auf mit dem Fummeln!«

Die Frau blickte auf, brach in Tränen aus und schrie: »Hol du doch selber dein dämliches Grundgewicht 'raus, Darling, ich hab' die Nase voll von dir und diesem Boot und diesen verdorbenen Ferien. Ich *hasse* es!«

Die Brücke war noch etwa zehn Meter entfernt. Mit lobenswerter Geistesgegenwart warf der arme Darling das Boot herum und schoß in den Schlick am rechten Ufer. Dort entfesselte er einen etwas unfeinen Wortwechsel mit seiner jungen Frau, in dessen Verlauf ich eine Menge interessanter Einzelheiten über die beiderseitige Familiengeschichte erfuhr, einschließlich der Tatsache, daß die Frau wünschte, sie hätte einen Burschen namens Julian geheiratet. Es war so interessant, daß alle Zuschauer klatschten.

Ein Mann, der sein Boot bemerkenswerterweise dadurch zum Stehen brachte, daß er an sämtlichen festgemachten Booten entlangschrammte, war der nächste; und dann kam Arthur.

Yarmouth ist Arthurs Alptraum. Er ist noch nie eingelaufen, ohne Mittelpunkt einer bewundernden Menge zu sein; und seine Anhänger wurden auch dieses Mal nicht enttäuscht.

Mit einem dröhnenden »Boyur« drehte *Quiet Dawn* in der Mitte des Flusses in den Wind und begann mit alarmierender Geschwindigkeit seitwärts auf die Eisenbahnbrücke zuzutreiben. Dennis steckte den Staken versuchsweise ins Wasser und bekam keinen Grund. Die Fock war gefallen, aber das Boot wollte nicht abfallen. Joan hatte ihre Manöverstation an der Baumschere und starrte mit großen Augen auf die schnell näher kommende Brücke.

Von allen Seiten hagelte es Ratschläge, wie immer. Biber schrie Arthur zu, er solle die Fock heißen und Fahrt aufnehmen. Eine Gruppe von Eingeborenen rief, er solle das Grundgewicht droppen, während ein Mann, der seinem Aussehen nach einen hohen Bierverbrauch hatte, Arthur riet, doch den Motor zu starten. Inzwischen versuchte Dennis, das Boot wieder steuerfähig zu machen, indem er mit dem Staken, den er gegen den Mast drückte, ruderte. Er sah aus wie ein antiker phönizischer Ruderknecht. Arthur pumpte mit der Pinne, um das Boot herumzukriegen, und rief Joan zu, sie solle mit dem Dweidel pullen.

Nichts schien zu helfen, sie mußten gleich an die Brücke stoßen. Da erschien der Bootsmann aus dem Yachthafen, Trouble witternd, und warf ihnen eine lange Leine zu. Niemand achtete darauf; Dennis stocherte noch im Fluß herum, als hoffte er, dort Gold zu finden, Arthur schrie und gestikulierte, und Joan klammerte sich an die Baumschere, als ob ihr Leben daran hinge.

»Sag der Kleinen, sie soll die Baumschere da loslassen und lieber die Leine wahrnehmen«, rief der Bootsmann.

Joan streckte zaghaft eine Hand nach der Leine aus und verfehlte sie. Der Bootsmann holte sie ein und warf noch einmal. Dieses Mal landete die Leine auf Arthurs Kopf, und der schnappte sie dankbar. Sie waren so dicht an der Brücke, daß Dennis das letzte Mittel des Broads-Skippers einsetzte, nämlich das Boot mit dem Staken von den Brückenträgern abzusetzen. Aber das geht nur ein paar Minuten lang, die Armmuskeln werden schlapp, und man ist geliefert.

Eine Gruppe von Vampiren holte die Leine ein und zog *Quiet Dawn* in Sicherheit.

»Nicht schlecht«, murmelte Biber, »gewöhnlich schafft Arthur es, jemanden zu versenken.« Kaum hatte er das gesagt, da gab es einen Klatscher, und Joan fiel über Bord. Sie hielt immer noch die Baumschere fest und rollte mit den Augen.

Wir jagten mit einer Motoryacht hinter ihr her und fischten sie jenseits der Brücke heraus, so weit hatte der Strom sie mitgenommen. Eine Frau auf der Yacht, eine mütterliche mittelalterliche Nordengländerin, war entsetzt, als wir das arme Mädchen wie einen Sack Kartoffeln aus dem Wasser zogen – nicht ohne zuvor die Baumschere geborgen zu haben.

»Arme Kleine«, sagte sie, »warum tust du das?«

»Ach, das macht gar nichts«, quäkte Joan tapfer und rieb sich das Dieselöl aus dem Gesicht, »ich finde das große Klasse!«

Sieben

Am nächsten Morgen jagte ich beinahe das Boot in die Luft.

Wie viele bedeutende Ereignisse kam das ganz nebenbei, sozusagen en passant. Ich war früh aufgestanden, um den Tee zu machen, denn wir wollten mit dem letzten ablaufenden Wasser unter den drei Brücken durchgehen. Eigentlich war ich nicht dran mit Teemachen, aber spät am Abend war das Boot fast auf Drift gegangen – dank meinen Festmacherkünsten, und das war nun die Strafe. Es war eben nach 6 Uhr, ein trüber Morgen, Sprühregen, ganz anders als am Tage davor. Die Nacht war friedlich gewesen, weil wir alle zu müde waren, um uns von Harrys Geschnarche stören zu lassen, wenn auch Arthur uns mitten in der Nacht belemmerte. Er trapste auf dem Deck herum und ließ wissen, daß der Tidenhub 3 Meter betrüge; als ob wir das nicht auch selbst gewußt hätten!

Ich hob den Deckel vom Kochschapp hoch, drehte das Gas auf, strich ein Streichholz an – und war in Flammen gehüllt. Aus reinem Selbsterhaltungstrieb jumpte ich augenblicklich über Bord. Ich schwöre, ich zischte, als ich aufs Wasser traf.

Die Tide nahm mich mit, und ich war schon 50 Meter stromab getrieben, bis ich mich am Heck einer Motoryacht festhalten konnte. Die Leute an Bord bekamen einen ganz schönen Schreck, als eine weiße, verschrumpelte und triefende Hand durch ihr Bulleye gesteckt wurde. Ich hörte ein ängstliches Keuchen aus einer Koje direkt unter mir, aber in meinem Zustand kümmerte mich das nicht weiter.

Als ich an Bord zurückkam, guckten sie alle ins Wasser und stritten darüber, ob ich wohl noch lebte. Diese wenig mitfühlende Einstellung empörte mich. Auf einem Törn wie diesem lernt man seine Freunde erst richtig kennen! Biber sagte gerade: »Er muß abgesoffen sein wie ein Stein, wir müssen wohl die Froschmänner von der Polizei holen«, da legte ich ihm meine Hand auf die Schulter und sagte im Grabeston: »Biber ...« Er fuhr herum und wurde ganz weiß. Da stand ich nun leibhaftig vor ihm, triefnaß, und hatte eine Augenbraue eingebüßt, was mir ein leicht diabolisches Aussehen verlieh.

Kaum hatte Biber sich von dem ersten Schreck erholt, legte er los und beschimpfte mich, weil ich das Hauptventil der Gasleitung die ganze Nacht offengelassen hätte. Ich fand das äußerst gefühllos von ihm, allerdings hatte er vollkommen recht. Seine Hauptsorge war, ob das Boot etwas abbekommen hätte. Die Explosion hatte sich angehört, als ob eine Bombe hochginge, und so war ich erstaunt, daß dem Boot weiter nichts passiert war, was natürlich meine Story, ich sei 50 Meter weit durch die Luft geflogen und hätte nur dank meiner eisernen Konstitution überlebt, leicht beeinträchtigte.

Ich verlangte einen Cognac aus Bibers Privatvorrat, von dem er immer als von seinem »Vorrat für medizinische Verwendung« sprach, und ließ mir das Frühstück an die Koje bringen. Arthur erquickte mich mit einem Garn von einem Sperrballon, der im Kriege explodiert war, und wie jeder dachte, die Leute seien Gott sei Dank allright; aber dann fielen sie alle am dritten Tage danach tot um – von einem verspäteten Schock getroffen.

Ich konnte nicht lange ruhen, weil wir den Mast legen und bald unter den Brücken durchgehen mußten. Alle Welt tat desgleichen, und so war da ein hübscher, dicker Schwarm von Booten, die durchgingen. Da waren Boote, die rückwärts liefen, andere trieben seitwärts; welche gingen vorwärts, und der Rest saß schlicht auf Schiet und rührte sich nicht.

Die »offizielle« Methode, durch die Yarmouth-Brücke zu gehen, besteht darin, das Grundgewicht über den Bug zu werfen und sich mit der Tide über den Achtersteven treiben zu lassen. Dabei wird die Fahrt durch das Gewicht reguliert, das man über den Grund schleifen läßt. Eine unwahrscheinliche Angelegenheit, und ich kenne niemand, der das jemals hingekriegt hätte. Wir verlassen uns immer auf einen guten Staken, um steuerfähig zu bleiben, aber man muß den Grund gut kennen, denn an der einen Stelle ist es zu tief zum Staken, und ein paar Meter weiter sitzt man auf Dreck. Wenn die Tide schnell läuft, halten wir zur Vorsicht das Grundgewicht am Heck klar. Einmal fand Arthur, es ginge zu schnell; sofort warf er das Grundgewicht außenbords, um abzustoppen. Dann entdeckte er, daß er vergessen hatte, das Gewicht anzustecken, und es soff mit einem höhnischen Gurgeln ab, auf Nimmerwiedersehen.

Die Szene auf dem River Bure bietet, wenn die Tide wechselt, ziemlich genau das, was ich mir unter einer maritimen Hölle vorstelle. Die Segelboote kriechen den Fluß hinunter; um sie herum wimmelt eine siedende Masse von Motorbooten, und der unvermeidliche Autobahnflüchtling versucht, sich mit 10 Knoten Fahrt, die Arme schwingend und tutend, seinen Weg zu bahnen. Mitten in alldem trafen wir einen Sportsmann, der quer über den Fluß fuhr und versuchte, seinen Kreuzer wie einen Wagen zu parken. Als er uns kommen sah, hob dieser Optimist die Hand, damit wir anhalten sollten. Das konnten wir natürlich nicht, aber wir hatten etwas zum Lachen, wie schon seit Jahren nicht mehr, bevor wir ihn mittschiffs rammten.

Staken ist unter diesen Umständen ein böser Traum, aber irgendwie haben wir es geschafft. Nach der dritten Brücke machten beide Boote an der »Kohlenpier« fest (woher dieser Name kommt, weiß kein Mensch, denn offenbar löschen sie dort niemals Kohle). Sonst kann man nur noch an den Dalben festmachen, die dort für Yachten stehen, aber das hat keinen Zweck, aus dem einfachen Grunde, weil sie auf flachem Wasser stehen, und man sitzt unweigerlich, wenn man bei Niedrigwasser daran festmacht.

Die Kohlenpier ist einer unserer alten Tummelplätze. Oft haben wir hier die Nacht über gelegen, wenn wir am Abend unter den Brücken durchgegangen waren. Hier war es, daß Dennis vierkant von der Pier in den

Bach marschierte in einer pechschwarzen Nacht, und hier hat sich Biber nach dem Kriege das Fußgelenk verknackst, als er über einen Haufen Schrott gestolpert war, und er lag da und rief zwei Stunden lang um Hilfe, bis wir ihn fanden.

Der »amtliche« Schlepperskipper hat hier in der Nähe seinen Liegeplatz, in strategischer Lage am Zusammenfluß von Bure und Yare. Er lebt nicht schlecht von dem Abschleppen von Booten, die auf Dreck gelaufen sind. Er ist vollbeschäftigt, denn die Gezeitenströme sind stark und unberechenbar, und das berüchtigte Breydon Water, vier Meilen Schlick, zum Teil mit Wasser bedeckt, liegt vor uns.

Als wir anfingen, in dieser Gegend zu segeln, dachten wir immer, der Schlepperführer sei eine Art von Rettungsmann, dessen Dienste nichts kosteten. Das erste Mal brauchten wir ihn, als wir in einer Sturmbö zwischen Yarmouth und Stracey Arms festkamen und Arthurs gutgemeinte Bemühungen, uns abzuschleppen, uns unseren Großbaum kosteten. Arthur segelte mit Notsignal Richtung Yarmouth zurück, der Schlepper kam heraus, und sein kleiner Hund saß am Bug. (Als das Tierchen ein paar Jahre später starb, fanden wir alle, wir hätten einen Freund verloren.) Er schleppte uns nach Yarmouth zurück, und auf dem Wege überlegten wir, wie wir ihn belohnen sollten. Am Ende kamen wir überein, daß er wohl beleidigt sein würde, wenn wir ihm Geld anböten, und so beschlossen wir, ihm 20 Zigaretten zu schenken.

Harry lehnte sich heraus, als wir festmachten, und sagte: »Vielen Dank, mein Guter, das war sehr nett von Ihnen, hier ist was zum Rauchen von uns.«

Er nahm die Zigaretten und überreichte uns eine Rechnung über 3 Pfund.

»Sie haben noch Schwein gehabt«, sagte er und steckte sich eine an, »für Abbringen von Breydon berechne ich sonst extra.«

Jahrelang haben wir nicht herausbekommen, wie sein Tarif war, er sagte bloß, er nähme »'n Pfund pro Tide, mal mehr, mal weniger«.

Ich glaube eher, er berechnete seine Gebühren je nachdem, ob er einen mochte oder nicht. Wir hatten ihm den Spitznamen »Sindbad« gegeben, und im Laufe der Jahre kannte er uns so gut, daß er uns heimlich öfter ganz umsonst schleppte und dazu listig sagte: »Ich möcht' nicht, daß eure Mackers merken, daß ihr einen Schlepp hattet.«

Eine Laune der Natur will es, daß der Flutstrom auf dem Yare eine Stunde früher einsetzt als auf dem Bure. Deshalb warfen wir los, kaum daß der Mast stand und die Segel gesetzt waren, und mit einem gewaltigen Stoß mit dem Staken nahmen wir Fahrt auf und kamen schnell an die Stelle, wo die beiden Flüsse zusammentreffen. An Backbordseite lagen Yarmouth Hafen und die offene See, aber Mietboote dürfen nicht in den Hafen, und so drehten wir nach Steuerbord auf den Yare, landeinwärts.

Der Yare ist seit jeher eine wichtige Wasserstraße. In alter Zeit für die Norwich-Kähne, aber auch heute benutzen ihn Seeschiffe, die nach Norwich herauf wollen. Der Fluß ist insofern eigenartig, als seine Mündung jetzt binnenlands liegt und zum Breydon Water geworden ist. In der Mitte läuft eine gebaggerte Fahrrinne, etwa 100 Meter breit, seitlich davon liegen trostlose Schlickbänke, die bei Hochwasser überspült sind.

Es ist für diesen sturen River Yare bezeichnend, daß er sich zuerst im Laufe der Jahrhunderte eine hübsche Mündung geschaffen hatte, diese aber dann mit so gewaltigen Schlickmengen zuspülte, daß die Mündung verschlossen wurde. Heute ist Breydon Water durch einen Streifen Landes von der See getrennt, der Fluß hat mit dem Bure eine gemeinsame neue Mündung außerhalb von Yarmouth. Yarmouth selbst steht auf dem Schlick, den die beiden Flüsse aufgespült haben.

Biber wollte mit aller Gewalt weiter, und so liefen wir *Quiet Dawn* davon. Der erste kritische Punkt, wenn man auf den Yare kommt, ist eine Eisenbahndrehbrücke, die jetzt stillgelegt ist, aber mit ekligen Strömungen zwischen den Brückenbogen. Der Wind war bockig, und wir trieben durch den Bogen an der linken Seite und wurden prompt von der »Hand des Riesen« erfaßt. So hatte Dennis einen unberechenbaren Strom eben hinter der Brücke getauft, der die Angewohnheit hat, Segelboote, die nicht viel Fahrt machen, zu erfassen und ans Ufer zu werfen. Der Wind blieb für einen Augenblick gänzlich weg, wie oft in dieser Gegend, und wir wurden unaufhaltsam auf den Schlick an der Kante des Breydon gesetzt. Biber fluchte, schrie, schimpfte auf den Wind und die Crew, aber es nützte nichts. Wir saßen fest an dem trostlosen Ufer.

»'raus, Harry«, kommandierte Biber, als mein Stochern mit dem Staken in dem weichen Schlick keinerlei Ergebnis zeigte.

Vorn war das Wasser höchstens 20 Zentimeter tief; so zog Harry seine Schuhe aus und jumpte fröhlich über die Seite. Im nächsten Augenblick schoß er senkrecht nach oben, wie von einer Unterwasserfeder emporgeschleudert, und gab ein lautes Wehgeheul von sich.

Anscheinend war er vierkant auf eine Glasscherbe gesprungen. Erst dachten wir, er hätte zumindest den ganzen Fuß eingebüßt, denn er schrie: »Laßt es Sheila nicht sehen, sie könnte sonst das Baby verlieren!«

Jetzt wollte Sheila ihn natürlich erst recht noch einmal sprechen, bevor er abkratzte, aber er blieb vorn, wand sich in Schmerzen, hielt seinen Fuß mit der Hand umklammert und rief: »Nicht hersehen, alles voll Blut!«

Ich ging vorsichtig nach vorn und erhielt die Erlaubnis, nach der Wunde zu sehen: ein winziger Schnitt, ungefähr einen Zentimeter lang. Harry sagte, es fühle sich aber an wie mindestens 20 Zentimeter, ich hätte bestimmt die richtige Wunde noch nicht gefunden. Ich sagte ihm, er solle selber nachsehen, worauf er ein paar Minuten lang neugierig seinen Fuß examinierte. Seine Hand voller Blut wischte er an der Fock ab, so daß unser Boot aussah, als hätte uns eine Piratenbande überfallen.

Bibers Beitrag lautete: »Ihr wißt, das Wasser ist drekkig. Ich wette, es ist voll von Abwässern und jeder Art

Schiet. Du mußt auf Tetanus achten, Harry. Gott sei Dank hab' *ich* mich nicht geschnitten. Mehr habe ich dazu nicht zu sagen.«

Inzwischen segelte Arthur vorbei und rief mit beißendem Spott herüber, das sei ja wohl nicht gerade der richtige Platz zum Picknicken. Arthur kann einem gelegentlich schon auf den Wecker fallen. Ich konnte Joan sehen, die sich über das Kochschapp bückte und zweifellos mit der Bereitung eines kostbaren Frikassees beschäftigt war.

Während Harrys Wunde ausgewaschen wurde, drückte ich den Bug herum, und wir segelten weiter. Sindbad überholte uns und rief uns zu, er wolle jetzt den dritten Versuch machen, eine Motoryacht abzubergen, die beim vorletzten Hochwasser, dem höchsten seit sechs Monaten, festgekommen war, als sie den Weg abkürzen wollte und dabei nur eben aus dem Fahrwasser geriet. Später kamen wir an ihr vorbei; die Besatzung stand verloren an Deck, während Sindbad endlose Achten um das Boot fuhr. Ich muß schon sagen, es ist ein ziemliches Pech, wenn man zum Wochenende auf einen ruhigen, runden Binnentörn geht und dann die meiste Zeit inmitten eines Ozeans von Schlick festsitzt. Aber Biber glaubte das Boot wiederzuerkennen; eben dieses hätte unser Desaster in Acle Bridge auf dem Gewissen, und er sagte, er hätte nie wieder so gelacht, seit sie seinen früheren Boß ins Krematorium gebracht hätten.

Der Wind frischte erheblich auf, als wir weiter auf den Breydon herauskamen, Biber entschied sich, zu reffen, weil das Boot schwer zu halten war

Reffen in Fahrt ist nach den Lehrbüchern natürlich die einfachste Sache der Welt. Da kann man ungefähr folgendes lesen:

»Nun müssen wir uns für schlechtes Wetter klarmachen. Nehmen wir an, der Wind hat Sturmesstärke angenommen, und das Boot droht zu kentern. Vor allem müssen wir Ruhe bewahren und nicht gleich zum Hafen laufen. Vergessen wir nicht, daß Ertrinken ein recht angenehmer Tod ist, während wir, gegen die Küste getrieben, an den Felsen zerfetzt werden könnten. Zunächst stecken wir ein Reff ein, oder auch zwei, wenn uns danach ist. Wir legen das Boot in den Wind, kriechen behende nach vorn, bergen die Fock, setzen die Dirk durch, um das Segel zu entlasten, fieren die Gaffel, so daß das Reffauge im Vorliek an den Baum gebunden werden kann, rollen das Liek zwischen dem ersten Reffauge und dem Schothorn auf, legen es oben auf den Baum, binden das Auge im Achterliek an den Baum, rollen dann das Segel sauber auf und binden die Reffbändsel fest – und im Nu liegen wir behaglich unter unserem Reff.«

Hmmmm ...

Ich glaube, das könnte ich alles mitten auf einer vollständig glatten See, wenn keine anderen Schiffe in Sicht sind und ich den ganzen Tag Zeit habe. Nach meiner Erfahrung habe ich, auch wenn das Boot ganz ruhig im Hafen liegt, niemals weniger als eine Stunde gebraucht, und dann merke ich meistens, daß ich irgend etwas verkehrt irgendwo eingebunden habe, und ich muß wieder von vorn anfangen. Der Gedanke, hilflos und außer Kontrolle zwei Stunden lang auf Breydon Water um 9.30 Uhr morgens herumzuschwabbern, macht einen schaudern.

Was wir dieses Mal erlebten, bestätigte meine Vorstellung voll und ganz. Biber ging in der Mitte des Fahrwassers in den Wind, wir nahmen die Fock richtig herunter und den Wind aus dem Großsegel. Aber nun trieben wir quer über das Hauptfahrwasser, in dem gerade ein großer Ausflugsdampfer mit dem schönen Namen *Pride of the Broads* daherzog. Ich machte Biber darauf aufmerksam, aber er sagte bloß, wir sollten uns mit dem Reffen beeilen, weiter nichts. Na, mit meinen Knoten und solchen Sachen war nie viel los, und als Harry und ich die Kleinigkeit mit dem Auge geschafft hatten (ich weiß nie so richtig, was ein Reffauge eigentlich ist), hing die *Pride of the Broads* über uns mit Lautsprechermusik und tutender Dampfpfeife.

In der Theorie weichen selbstverständlich maschinengetriebene Fahrzeuge den Segelbooten aus, aber es gibt da so ein kleines Gedicht:

Hier ruht der brave Harold Brecht,
er pochte auf sein Wegerecht.

Biber jedoch brüllte: »Dreh ab, du verdammter, drekkiger Dampfpott! Siehst du nicht, daß ich nichts machen kann? Los, mach Platz!«

Die *Pride of the Broads* lief zur Antwort einen halben Meter neben uns vorbei, so daß Sheila vor Angst kreischte. Oben vom Deck sahen die Passagiere neugierig zu uns herunter, und ein kleiner Junge spielte Zielspucken (erfreulicherweise traf er uns nicht). Biber blies zwei angelsächsische Kraftworte ab und wurde mit einem neckischen Tuuut belohnt.

Wie wir nun auf den Schlick zutrieben, machten Harry und ich unseren einen elenden Zuckerbäckerknoten wieder auf und heißten das Segel. Ich glaube, Biber merkte das gar nicht. Er schüttelte immer noch die Faust hinter dem Dampfer her und schimpfte, während ein paar ältere Leute auf dem Achterschiff mit den Köpfen nickten, lächelten und ihm zuwinkten.

Später, als wir Arthur davon erzählten, meinte er, wir hätten zwei schwarze Bälle heißen sollen zum Zeichen, daß wir manövrierunfähig waren. Als ob wir so ohne weiteres irgendwo zwei schwarze Bälle gefunden hätten!

Um 10.30 Uhr kamen wir ans Ende von Breydon Water. Hier ist wieder eine Gabelung, wo der River Waveney in den Yare mündet. Ein einsamer, trostloser Ort, der einsamste auf der Welt, wenn man in einer dunklen, triefenden Nacht versucht, nach Yarmouth zu kommen; aber stromauf sind die beiden Flüsse sehr hübsch, wenn auch auf den ersten Meilen einigermaßen heimtückisch. Wir gingen den Yare hinauf nach Reedham, wo wir nach Plan zum Lunch hätten sein wollen. Die Tide lief heftig, so hatten wir mit dem Schlick keinen Kummer und kamen in sehr guter Zeit mit Hilfe einer tüchtigen Brise voran.

Kurz vor Reedham biegt der Fluß scharf nach rechts ab, und kurz vor der Stadt liegt eine Eisenbahndrehbrücke. Wie alle Drehbrücken in den Broads wird sie geöffnet, wenn Yachten und andere große Schiffe hindurchwollen, sonst ist sie geschlossen. Wenn ein Zug kommt, hängt der Brückenwärter — vorausgesetzt er denkt dran — ein Schild mit einer Fünf oder Zehn heraus, je nachdem, wie viele Minuten die Schiffe warten müssen. Diese Zahl kann man getrost mit drei multiplizieren, dann liegt man einigermaßen richtig.

Die Brücke war offen, als wir um die Biegung kamen. Sehr hübsch sah sie aus in ihrem weißen Anstrich und in ihrer etwas verschrobenen viktorianischen Grazie. Biber schoß auf die Öffnung zu, wenn man das von einem Segelboot überhaupt sagen kann. Durch die

Kursänderung kam der Wind nun aber von vorn, und wir wurden außerdem auch noch von der Brücke etwas abgedeckt. So kamen wir nicht schnell genug heran. Als wir nur noch ein paar Meter ab waren, öffnete der Brükkenwärter sein Fenster, rief uns eine Warnung zu und fing an, die Brücke zu schließen.

Wir hatten die Wahl: Kehrtmachen und uns zurückziehen — oder versuchen, durch die enger werdende Öffnung zu kreuzen, bevor die Brücke ganz geschlossen war. Wie zu erwarten, fand Biber, er könne es schneller als die Brücke, und voller Schrecken sahen wir die unvermeidliche Kollision zwischen der Brücke und unserem Mast kommen.

Bibers Verstand hat eine wunderliche Art zu funktionieren. Es kam ihm nicht in den Sinn, Platz zu machen; er fand, die Brücke müsse aus dem Wege gehen, und so stellte er sich ins Kockpit und machte kreisende Armbewegungen zum Brückenwärter hin, um ihn zu veranlassen, den Mechanismus abzustoppen.

Die Brücke meinte es gnädig mit uns, ihre schwere Masse schwang vor dem Mast vorbei und verfehlte das Vorstag um knappe fünf Zentimeter. In diesem Augenblick blieb der Wind weg und wir drehten ab, auf die Spundwand neben der Brücke zu, wo Harry an Land sprang und das Boot festmachte. Ich nahm die Segel herunter, und wir verholten das Boot nach rückwärts in Sicherheit. Ich glaube, Biber hatte überhaupt noch nicht bemerkt, daß wir stillagen. Er machte immer noch seine kreisenden Armbewegungen zur Wärterbude hin.

Wir warteten ein paar Minuten, ein Zug fuhr über die Brücke, aber sie ging nicht auf. Noch zehn Minuten, Arthurs Mast erschien um die Ecke, und Biber wurde wild.

Er warf los, segelte vor der Brücke hin und her und rief »Brücke ahoi«, als ob sie ein Schiff wäre. Wir bedauerten, daß uns so eine kleine Trompete fehlte, wie man sie in Holland hat. Sie gibt einen Ton von sich wie ein sterbender Frosch, und wenn der Brückenwärter diesen unverkennbaren Klagelaut hört, macht er die

Brücke auf. Ich habe nur einmal erlebt, daß es nicht funktionierte, und dieses Mal segelten wir eine Viertelstunde auf und ab, bis ein Mann in bauchigen Hosen und Holzschuhen uns durch Zeichen verständlich machte, daß der Kanal geschlossen sei. Das war eine großartige Neuigkeit, denn es bedeutete, daß wir genau zwanzig Meilen für nichts und wieder nichts geschippert waren.

Einer der Gründe, warum die Brücken in Holland so bereitwillig aufgehen, ist eine liebenswürdige Sitte. Der Brückenwärter hängt einen Holzschuh an einer Art Angelleine heraus, und man wirft im Vorbeifahren etwas Geld hinein. Tut man das nicht, so bleiben alle weiteren Brücken wie durch ein Wunder geschlossen, wenn man mit seinem Boot ankommt.

Als wir das zum erstenmal erlebten, wußte keiner von uns, warum der Mann diesen dreckigen alten Holzschuh so ostentativ herunterbaumeln ließ; so machten wir nur freundliche Gesichter und winkten, und ich dachte, er wolle uns den Holzschuh als Andenken geben, und griff ihn mir im Vorbeifahren.

Wie die meisten holländischen Kanäle ging dieser mitten durch das Dorf, und wir konnten uns nicht erklären, warum ein paar Leute am Ufer neben uns herrannten, die Fäuste schüttelten und uns beschimpften — wo die Holländer doch sonst immer so nett waren. Am Ende merkten wir, daß wir irgend etwas verkehrt gemacht hatten, und kehrten um. Alles löste sich in Wohlgefallen auf. Wir gaben dem Mann seinen Holzschuh zurück und sein Geld. Und er sagte uns, daß wir die holländische Flagge verkehrtherum gesetzt hätten, wodurch sich ein weiteres Geheimnis aufklärte, nämlich daß so viele Leute uns unterwegs etwas Unverständliches zugerufen hatten.

Nach einer Weile kam der Brückenwärter, lehnte sich aus seinem Fenster und gaffte zu uns herunter, gemütlich an seiner Pfeife ziehend. Er befand sich sichtlich im Frieden mit sich und der Welt. Biber weniger. Als Arthur bei uns aufkreuzte, war er stinkwütend, besonders als Arthur, der ein Eisenbahn-Fan ist, sagte, er freue sich, gleich einen Zug über die Brücke fahren zu sehen.

»Wenn ihr mich fragt«, rief Arthur über das Wasser, »der wartet, daß der 11-Uhr-18-Postzug von Lowestoft die Kreuzung bei Somerleyton frei macht.«

»Wenn ihr mich fragt«, rief Biber zurück, »dann ist er selber eine elende alte Kreuzung, und ich werd' ihm schon was erzählen.«

Ich war am Ruder, und Biber befahl mir, das Boot in die Binsen am Ufer zu fahren. Wir brauchten ungefähr fünf Minuten, um über das Feld auf den Bahndamm zu krabbeln; der Brückenwärter sah uns dabei freundlich zu. Er ließ keinerlei Gemütsbewegung erkennen, bis Biber die Stufen zu seiner Bude 'raufsprang, die Tür aufriß und fragte:

»Was ist los, zum Teufel? Warum wollen Sie die Brücke nicht aufmachen?«

So etwas hatte noch nie jemand gewagt, nicht einmal die Kapitäne von den großen Seeschiffen, die auf dem Yare fahren, und der Wärter kapierte nicht gleich, was Biber eigentlich wollte.

»Sie dürfen hier nich 'rein«, sagte er, und zeigte mit seinem Pfeifenstiel auf Biber, »wenn Sie zum Zug wollen, müssen Sie zum Bahnhof.«

»Ich will keinen Dreckzug. Ich will, daß Sie die Brücke aufmachen.«

»Ah, das kann ich aber nich, sehnse. Erst wenn ich das Freisignal kriege.«

»Aber wir warten schon eine Viertelstunde.«

»Ich auch, ich auch. Ich denk', er hat ein bißchen Verspätung.«

Biber spielte gekränkte Würde: »Verstehe ich recht, daß wir vor dieser Brücke hin und her schwimmen sollen, bis dieser Zug endlich kommt? Was weiß ich, ob der nicht vielleicht ausgefallen ist oder sonst was?«

Der Brückenwärter blieb ganz geduldig, so als ob er einen Irren vor sich hätte.

»Nu hör'n Se mal. Wenn ich die Brücke da aufmache und der Zug kommt, dann kann er ja in'nen Fluß fallen, nich? Das woll'n Se doch wohl auch nich? Se würden doch sicher ziemlich durchdrehen, wenn Se 'nen Zug sehen würden, wie der zehn Meter 'runterfällt ins Wasser. Denken Se an die Leute drin.«

Biber gab einen Seufzer von sich: »Ich bitte Sie ja nicht, Menschen umzubringen. Geben Sie doch Gefahrsignal, damit der Zug anhält. Dann machen Sie die Brücke auf und dann wieder zu. Dann wieder das Signal auf ›Grün‹, ganz einfach.«

Der Brückenwärter verdaute das einen Augenblick und schüttelte dann den Kopf. »Also, so leicht is das allens nich. Nich 'n bißchen.«

Biber wollte gerade eine grobe Antwort geben, da bimmelte es.

»Se ham Glück«, sagte der Brückenwärter, »da kommt er.«

Der Zug fuhr über die Brücke, wir rutschten den Bahndamm hinunter, und die Brücke ging auf, als wir noch über das Feld ackerten. Arthur segelte hohnlachend durch. Gerade sprangen wir an Bord und warfen los – da ging die Brücke schon wieder zu.

Einen Augenblick dachte ich, Biber kriegte einen Schlag. Statt dessen begnügte er sich damit, nach unten zu gehen und einen Eilbrief an die British Railways aufzusetzen. Anrede: »Sehr geehrte Mistviecher . . .«

Er kam nicht wieder zum Vorschein, bis Harry uns 10 Minuten später durch die Brücke gesegelt hatte und wir an der Pier von Reedham festmachten.

Hübsche Wasserwege, neue Erlebnisse

»Zunächst, das Wasser ist ruhig und die Gezeiten und Strömungen sind zahm. Die binsenbestandenen Ufer sind niemals weit entfernt, und das Wasser ist meistens seicht, allerdings tief genug für Ihr Boot. Ihre Ferien sind ein ungefährliches Abenteuer mit vielen neuen Reizen, die auch alten Hasen immer wieder Freude bereiten.«

Auszug aus einem Bootskatalog für die Broads.

Acht

Die Sache mit dem Brückenwärter hatte Biber aufs tiefste gekränkt. Kaum waren wir fest, stieg er an Land, brachte seine Beschwerde an die Eisenbahnverwaltung zur Post und marschierte stracks ins Nelson Inn, wo Harry, Sheila und ich ihn vorfanden, wie er mit Urlauten Bier schlürfte und in seinen Bart murmelte.

Das »Nelson« war schon immer eine feine alte Kneipe. Mancher mag sich darunter etwas anderes vorstellen, aber ich finde sie gut. Eine rauchgeschwärzte Decke, ein

Bild mit den Schiffen der Royal Navy von 1899 (und das waren wirklich eine Menge) und eine gemütliche Atmosphäre. Hier hatten die Mädchen Dennis damals seinen Bart abgeschnitten, als es so richtig gemütlich wurde, und später verurteilten wir ihn zum Tode, banden ihm ein Fockfall um den Leib und heißten ihn in den Mast.

Nun hat der Fortschritt auch das »Nelson« ergriffen, wie viele andere Kneipen auch. Die Brauerei hat es umgebaut, die Schiffe der Royal Navy sind auf den Schutthaufen gewandert und manches andere dazu. Ich frage mich oft, warum Brauereien soviel Geld ausgeben, um einem gemütlichen alten Platz seine Atmosphäre zu nehmen, anstatt es lieber dazu verwenden, das Bier besser zu machen. Ich werde diese Sucht nie verstehen, jede Dorfkneipe in einen Abklatsch von einem Vorstadt-Ginpalast zu verwandeln. Eine Menge Kneipen an den Broads haben jetzt Plattenspieler, deren Beat eintönig über das Wasser dröhnt und jedermanns Frieden stört. Einige Jahre schworen wir uns, wir würden in einer Kneipe mit Musikbox nicht trinken, aber schließlich merkten wir, daß wir dann überhaupt nichts mehr zu trinken bekommen würden.

Jedoch, sie verkaufen noch Bier im »Nelson«, und das ist die Hauptsache, möchte ich meinen, und die Crew von *Quiet Dawn* kam auch dazu – außer Joan, die Reedham nach Paniermehl für Kartoffelklöße abgraste. Als Sheila das hörte, verließ sie uns und suchte Joan, zu einem weiteren Ortsvereinsmeeting der vereinigten Frauengewerkschaft.

Es ist merkwürdig, daß Frauen keinen Sinn dafür haben, welch seltene Kostbarkeiten uns mit den Trinkstunden beschieden sind. Für mich gibt es (um auch mal so ein schickes Modewort zu brauchen) nichts Frustrierenderes, als in der Kneipe auf Frauen zu warten. Sie frisieren sich, ziehen sich um, holen Zigaretten, und dann wechseln sie die ganze Takelage wieder aus, weil andere Mädchen Hosen anhaben. Und die goldenen Minuten ticken dahin. Wenn man zu Pott kommen will, bevor der Wirt zur letzten Bestellung ruft, darf man unter keinen Umständen auf Frauen warten.

Um allem die Krone aufzusetzen, meckern sie, wenn sie den Abendtrunk durch eigene Schuld auf ein fix gegriffenes kümmerliches Maß reduziert haben, auch noch: »Was, die machen doch nicht etwa schon zu . . .?«

Biber war alles andere als umgänglich. Sein Ärger wuchs noch, als Arthur in seiner taktvollen Art bemerkte, er beneide ihn so, weil er in der Wärterbude gewesen sei: »Meinst du, der Brückenwärter würde es mir auch mal erlauben, wenn ich mein Abzeichen vom Modelleisenbahnklub zücken würde?«

Biber saß am Ende der Bar auf einem Schemel, schnaufte, paffte und goß Gin in sein Bier. Arthur verbreitete sich endlos über das Eisenbahnwesen hier in der Gegend und sauste jedesmal zur Tür, wenn ein Zug pfiff. Trotzdem war es sehr nett, besonders als die Mädchen nach etwa einer halben Stunde dazukamen. Ich fand allerdings, daß Joan wieder leicht verstört wirkte, als Dennis sie wegen des Krabbencocktails in ein Kreuzverhör nahm.

Als die Kneipe zumachte, brach Biber sein langes Schweigen und sagte plötzlich: »Kein Lunch. Ich will versuchen, noch bis Norwich zu kommen.«

Wir sahen uns an. Die Kombination von sieben Maß Starkbier und verschiedenen Gins konnte zusammen mit Bibers gekränktem Stolz gefährlich werden.

Arthur hob die Schultern und sagte: »Schätze, wir werden erst unseren Krabbencocktail und die Kartoffelbällchen essen.«

Eine kurze Meuterei der *Merryweather*-Crew, und dann wurden fünf Minuten für eine kalte Platte bewilligt. Wir saßen kaum, da stand Biber wieder auf und fing an, Segel zu setzen, wobei er knurrte und Selbstgespräche vor sich hin brabbelte. Es war nicht viel mit seiner Arbeit, denn als er halb fertig war, knallte die Gaffel an Deck, genau neben Harrys Kopf. Schließlich bekam Biber die Segel in einem wirren Durcheinander hoch, verschwand nach unten und kam mit einer Ginbuddel wieder, an der er kräftig saugte. Zum Schluß saß er nur noch mit stierem Blick im Kockpit und grunzte.

Biber war randvoll. Trotzdem legten wir ab.

Arthur und Dennis waren gerade bei Zitronenmeringen angelangt, als wir vorbeisegelten, und Dennis tadelte Joan, seine wäre »etwas zu durch«.

Unser Start war nicht der beste, weil Biber uns vierkant in die Binsen auf der anderen Seite steuerte, aber dann taumelten wir los, zwar mit unsicherem Kurs, aber doch immerhin in allgemeiner Richtung Norwich. Bibers Benehmen wurde immer sonderbarer und die Ginbuddel immer leerer. Hinter Reedham schor er der Kettenfähre vor den Bug, die noch eben stoppen konnte, bevor ihre Kette uns glatt aus dem Wasser lüftete, und eine Meile weiter segelte er absichtlich in einen Schwarm von Schwänen. Biber mag Schwäne nicht, er war als Junge einmal von ihnen angegriffen worden und kam nun plötzlich auf die Schnapsidee, einen Schwan zu fangen. So segelten wir eine Weile hin und her, und ich lockte mit einer raffinierten Falle: einem Stück Brot, auf eine Gabel gespießt, während Harry eine Schlinge am Ende eines Stockes klarhielt.

Der Schwan sollte heranschwimmen und nach dem Brot schnappen, und dann sollte ich den Köder vorsichtig heranziehen, so daß dem Schwan nichts übrigblieb, als den Kopf in die Schlinge zu stecken. Wir hatten keine Ahnung, was wir machen wollten, wenn wir einen hätten, aber diese Frage stellte sich nicht, weil wir keinen fingen. Ich hatte nichts dagegen, als die Schwäne fortschwammen, um einen kleinen Jungen in einem Ruderboot zu attackieren; denn so ungefähr das erste, was ich als Kind gelernt hatte, war, daß ein Schwan mit seinen Flügeln einem Mann den Arm brechen kann; und seitdem bilde ich mir ein, sie täten nichts anderes.

Dann hörten wir das gleichmäßige Wummern eines Dampfers hinter uns. Auf dem Yare läuft viel Berufsverkehr, Seeschiffe gehen hier an Yarmouth vorbei nach Norwich herauf. Auf dem engen Fluß haben sie keinen Platz für Manöver, und Yachten können nichts weiter tun, als ihnen aus dem Weg gehen. Das ist nicht immer einfach; die Schiffe bleiben zwar normalerweise in der Mitte, aber in den Kurven behalten sie sich doch vor, an der Außenseite zu fahren, weil das Wasser dort tiefer ist; oder sie gehen näher ans Ufer, wie es ihnen gerade paßt. Mit anderen Worten, sie haben immer recht.

Im Laufe der Jahre haben wir uns an sie gewöhnt und haben meistens keinen Ärger. Wirklich gefährlich ist es nur bei Flaute, oder wenn der Wind von achtern kommt und das Fahrwasser eng ist. Ich werde die halbe Stunde Alptraum vor ein paar Jahren nicht vergessen, als wir mit fünf Booten auf der ganzen Breite des Flusses segelten, platt vor dem Wind, und ein holländischer 500-Tonnen-Kümo kam knapp 10 Meter hinter uns her, so dicht, daß wir den Kapitän auf der Brücke fluchen hörten; was dachte er wohl, was wir tun könnten? Er kam ganz bis Breydon Water hinter uns her, wo das Fahrwasser breiter wird und wir ihm Platz machen konnten.

Als wir dieses Mal das Schiff zuerst sahen, war es ungefähr 300 Meter entfernt und sah hinter der Flußbiegung so aus, als führe es auf den Wiesen.

»Biber«, sagte Harry, »da ist ein Dampfer hinter uns.«

Biber glubschte mit blutunterlaufenen Augen herüber und nahm noch einen langen Zug aus der Flasche.

»So was Dummes, nicht?« antwortete er.

Wir schlichen in der Mitte des Flusses dahin, mit einem schwachen halben Wind. Kein Laut außer den Maschinen des Dampfers und Bibers Schnaufen. Die Zuckerfabrik von Cantley lag gerade recht voraus. Hier ist das Flußufer auf der einen Seite von Bäumen bestanden, die uns den Wind nahmen, und so machten wir kaum Fahrt. Das Schiff kam schnell heran. Als es noch 100 Meter ab war, schien es den ganzen Fluß auszufüllen.

Ich hustete. »Biber«, sagte ich, »er ist ziemlich nahe. Wir können noch schön ans Ufer laufen und ihn vorbeilassen.«

Biber sah wieder hinüber. »Ein lausiger ausländischer Tramp«, antwortete er verächtlich und rülpste. »Ausländern mache ich keinen Platz.« (Biber hatte alle seine Ersparnisse in Cunard-Aktien angelegt.)

Bei Harry waren Anzeichen von Nervosität bemerkbar; er hatte ja auch Weib und Kind. Der Name des Dampfers war deutlich zu lesen: Es war ein Franzose. Wir kamen erneut an eine Biegung, und der Wind kam jetzt von vorn. Biber ging über Stag, ohne sich umzusehen. Beim ersten Schlag dachten wir, er sei zur Vernunft gekommen und wolle dem Dampfer Platz machen. Sogleich lichtete sich die Atmosphäre. Harry steckte sich eine Zigarette an, Sheila lächelte und winkte zum Dampfer hinüber, und Biber nahm noch einen aus der Pulle. Aber dicht am Ufer ging er wieder herum und lief quer über den Fluß zurück. Im nächsten Augenblick zeigte unser Kurs direkt vor den Bug des Dampfers.

Eine Eisenwand türmte sich über uns. Zwei erschrokkene Franzosengesichter mit Baskenmützen peilten über die Reling. Biber stierte mit gläsernen Augen voraus; er sah nichts.

»Kein Ausweichen vor Maschinenfahrzeug«, sagte er mit schwerer Zunge, »britische Yacht gibt 'nem verdammten ausländischen Tramp nie Raum. Harry, sag dem Frosch, er soll mir aus dem Weg gehen.«

Ich glaube, die Seemannsordnung legt folgendes fest: Falls ein Kapitän wahnsinnig wird, haben die Offiziere das Recht, ihn seines Kommandos zu entheben. Nach der Vorschrift hat man dann höflich zu sagen: »Wollen Sie so gut sein, Sir, sich in Ihre Kajüte zurückzuziehen?«

Unglücklicherweise war bei uns keine Zeit mehr für derartige Feinheiten. Harry griff das Ruder und wand es Biber aus der Hand. Biber riß es prompt wieder an sich. Einen Augenblick lang sägten sie mit dem Ruder hin und her; gottlob fiel dabei die Ginbuddel an Deck, und Biber ließ die Pinne los, um nach ihr zu greifen.

Der Dampfer verfehlte uns um einen halben Meter — so schien es; allenfalls mögen es zwei oder drei Meter gewesen sein. Biber lallte ihn ganz außer sich an und schleuderte zum Schluß die Buddel gegen sein Heck. Harry steuerte das Boot ans Ufer, und da lagen wir einfach nur da, unfähig, noch etwas zu empfinden. Sheila war unten, sie betete wohl. Und über das Wasser kam eine Stimme:

»Boyur«, rief es, »was macht ihr denn da in den Binsen?«

Ich hätte nie gedacht, Arthurs Stimme könnte mich je ergötzen. Normalerweise, wenn ich zwischen ihm und einem Preßluftbohrer wählen sollte, würde ich mich immer dicht neben den Preßluftbohrer stellen. Aber dieses Mal klang mir seine Stimme wie eine Posaune aus dem Paradies. Ein Klang so klar und rein, daß er mir tief in die Seele drang. Ich richtete mich auf und starrte um mich, wie jemand, der aus tiefem Schlaf erwacht. *Quiet Dawn* kam ruhig über den Fluß auf uns zu geglitten. Joan plierte aufgeregt über den Rand des Kockpits, sie hatte eine halb geschälte Kartoffel in der Hand.

»Habt ihr den großen Dampfer da gesehen?« fragte sie, »war das nicht eine dufte Sache?«

»Kommt zu uns ans Ufer«, bat ich Arthur mit schwacher Stimme und überhörte Joans wohlgezielte Bemerkung, »wir hatten etwas Kummer . . .«

Plötzlich sprachen alle zugleich. Die aufgestaute Spannung entlud sich in einem Wildbach von Reden, wie in der Schule, wenn der Lehrer aus der Klasse gegangen ist. Wir alle schnatterten zu gleicher Zeit mit großer Lautstärke durcheinander. Was für Heldentaten jeder begangen hätte und daß wir noch nie im Leben solche Angst gehabt hätten. Nur der alte Biber sagte kein Wort, er saß nur da und starrte böse in die Binsen. Dann stand er schwankend auf und sagte: »Mir ist übel. Geh' mich hinlegen. Alles geht rund bei mir. Troppo molto Gin.«

Er kroch in die Kajüte und nuschelte: »Weckt mich vor Norwich.« In zehn Sekunden war er weg.

Arthur wiegte weise seinen Kopf, als er die Story hörte, die beim Erzählen nichts von ihrer Dramatik verlor, und er erinnerte sich, wie er und Biber einmal eine ähnliche Meinungsverschiedenheit mit einem Flugzeugträger vor Portsmouth gehabt hätten.

»Man sollte doch denken, ein Kriegsschiff würde so höflich sein, auszuweichen«, sagte er, »aber der dicke Pott lief stur weiter, als ob ihm die Gegend gehörte. Nun, Biber war wohl etwas bizarr dabei, moralisch hatte er wohl recht, aber praktisch eben nicht, wenn ich sagen soll, was ich meine.«

»Er war besoffen«, stellte Sheila sachlich fest.

Ein unirdisches Stöhnen aus der Kajüte unterstrich ihre Feststellung.

Wir tranken eine Tasse Tee und berieten, was wir nun tun sollten. Norwich war uns zu weit, und auf der Strecke würde es eine Menge zu staken geben, weil die Ufer stark bewaldet sind. Arthur wollte in Brundall haltmachen, damit er den Bahnhof dort besichtigen könnte; er sagte, da wäre vor vielen Jahren ein historischer Zusammenstoß gewesen. Aber wir überstimmten ihn und einigten uns auf Bramerton Woodsend, ein ruhiges hübsches Fleckchen, etwa eine Meile hinter Brundall.

Es war ein schweres Stück Arbeit. Die Tide stand jetzt gegenan, und wir schwangen den Staken, daß uns die Arme nur so knackten. Erst lange nach Teezeit kamen wir an und waren alle so erhitzt und müde, daß wir uns zum Baden auszogen, bis auf Sheila und Biber, der noch immer nicht wieder zu sich gekommen war und in seiner Koje einen wegsägte.

Das Baden war herrlich. Ich glaube, wir hatten noch nie so viel Spaß. Wir tauchten und tobten kreuzfidel herum. Sheila saß auf dem Boot und warf uns Brot zu, und wir spielten Entchen. Dann führte Arthur uns seine U-Boot-Nummer vor; Harry versuchte Joan zu retten (und ersäufte sie fast), und Dennis jagte einen Schwan.

Als der Spaß auf dem Höhepunkt war, kam unvermutet ein kleiner Junge in einem Ruderboot daher und hörte verwundert mit Rudern auf.

»Hallo, mein Sohn«, sagte ich munter und hielt mich am Bootsrand fest, um etwas auszuruhen, »komm mit uns schwimmen.« Er sagte erst nichts, dachte aber angestrengt nach. Dann sagte er: »Die Leute müssen doch aufs Klo gehen, nicht?«

Das gefiel mir gar nicht.

»Ja«, sagte er, »mein Pappi hat mir verboten, hier im Fluß zu baden. Er sagt, hier ist Abwasser.«

Die Sonne verdunkelte sich. Das Wasser war auf einmal nicht mehr so schön. Arthur hatte gerade getaucht und spie Wasser wie ein Walfisch. Ich bekam eine Gänsehaut.

Erbarmungslos sprach das Kind weiter: »Es kommt bei Ebbe aussem Hafenkanal, sagt mein Pappi. Mein Pappi sagt, für alles Bier in Norwich würde er hier im Fluß nicht baden, sagt mein Pappi.«

»Wo kommt es 'raus?«

Der Junge zeigte auf eine Flußbiegung. »Eben dahinter. Sie machen das Tor auf, wenn die Ebbe anfängt, und das ist grade jetzt.«

Ich schwamm nicht etwa wie ein Wilder ans Ufer, ich behielt einen kühlen Kopf und paddelte ganz vorsichtig und in seltsamer Haltung, den Körper kerzengerade und das Gesicht so hoch über dem Wasser wie nur möglich, und wagte nicht, den Mund aufzumachen, sondern rief den anderen erst vom Ufer aus eine Warnung zu.

Joan, die Ärmste, drehte durch und kreischte: »O nein, Dennis, das ist deine Schuld«, und schwamm zum Ufer wie von einem Abwasserstrom mit Düsenantrieb gejagt. Dennis wurde blaß und steif, und mit bemerkenswerter Muskelbeherrschung hob er tatsächlich seinen Körper von der Hüfte aufwärts aus dem Wasser und bewegte sich aufrecht zum Ufer. Arthur tat, als wäre es ihm schnuppe, und gab ein uriges Gelächter von sich; aber ich sah, daß er der erste am Ufer war.

Das war kurz vor Null. Fünf Minuten später machte sich der Abwasserkanal bemerkbar.

Auf der Karte fanden wir in der Nähe unseres Liegeplatzes Namen wie:

Klärwerk (Norwich Corporation)

Abwasser-Farm

Abwasser-Pier

Abwasser-Kanal

Abwasser-Ausfluß und: Alter Abwasserkanal.

Entlang einem guten Stück am Ufer waren alte Wracks vermerkt, und dabei stand: Archäologische Funde, entdeckt 1926. Was für ein Ort, um archäologische Funde hinzulegen! Gut, daß wir uns die Karte nicht vorher angesehen hatten, sonst wären wir zweifellos um dieses herrliche Baden gekommen.

Neun

Etwas Unheimliches ereignete sich, als wir nach Feierabend von der Kneipe zurückkamen. Ich leuchtete mit meiner Stablampe ins Kockpit von *Merryweather II*, und eine Ratte sprang heraus und rannte auf dem Festmacher an Land.

Die Wirkung auf Arthur war alarmierend.

»Keine zehn Pferde würden mich morgen auf euer Boot kriegen«, sagte er, »sogar die Ratten laufen schon weg. Denkt dran, was ich euch sage – die wissen Bescheid.«

Harry und ich machten uns über ihn lustig, aber es klang nicht sehr überzeugt. Natürlich war die Ratte nicht bei uns an Bord zu Hause, sie war einfach nur ein zufälliger Besuch, aber das Zusammentreffen war doch einigermaßen beunruhigend.

Biber lag noch immer vollkommen weggetreten in seiner Koje. Sheila hatte ihn schon einmal geschüttelt und gefragt, ob er etwas zum Abendessen wolle, wurde aber mit einem tiefen Knurren von so tierischer Lautstärke belohnt, daß sie ihn nicht noch einmal fragte. In Anbetracht dessen und wegen der Ratte beschlossen wir, drüben auf *Quiet Dawn* Kaffee zu trinken. Dennis meinte, Joan hätte dann auch die Chance, das Fleisch für morgen in Sauer zu legen.

Wir saßen gemütlich beim Kaffee, da schwankte das Boot heftig, das Schott öffnete sich, und Biber stand im Türrahmen, bleich wie der Tod.

»Ist das wahr«, krächzte er, »daß wir heute nachmittag beinahe über den Haufen gerannt worden wären? Um Gottes willen, sagt mir, ob das wirklich passiert ist.«

Wir sagten ihm, daß es stimmte.

»Lieber Gott«, kam seine überraschende Antwort (es war, glaube ich, das einzige Mal, daß ich dieses Wort aus seinem Munde vernahm), »o mei, muß ich blau gewesen sein! So blau war ich nie wieder seit dem Abend damals in Kairo, als der Krieg zu Ende war.«

Wir hatten alle ein warmes Gefühl für Biber, als er das sagte, und beruhigten ihn, es sei gar nicht so schlimm gewesen, und selbst wenn das Schiff uns gerammt hätte: Wir seien ja alle gute Schwimmer ...

Bibers Erwähnung der Waffenstillstandsnacht in Kairo setzte eine Lawine von Erinnerungen in Gang. Wir alle kannten unsere Geschichten natürlich; jeder wartete höflich, bis der andere seine erzählt hatte, und stieß dann schnell mit der eigenen Story nach. Die gängige Formel dafür, wenn das Gelächter abgeebbt war, hieß: »Ich weiß nicht, ob ich euch schon davon erzählt habe, wie ich in North Wales in Garnison war ...«, und alle anderen, die die Geschichte schon mindestens zwanzigmal gehört hatten, murmelten höflich: »Nein, nein«, und dann spann der Erzähler ein Lügengewebe, das irgendeinen längst vergessenen wahren Kern hatte.

Wenn man diese Geschichten jedes Jahr wieder hörte, war es interessant zu sehen, wie sie sich bei der harten Konkurrenz nach allen Seiten auswuchsen.

Anfangs, als wir zum erstenmal zusammen segelten, fuhr Arthur in seinen Geschichten einen Proviantlastwagen. Je weiter der Krieg in die Ferne rückte, geriet sein Lkw näher und näher an die vordersten Linien und verwandelte sich zum Schluß in einen Aufklärungspanzer. Aber nichts für ungut, zu dieser Zeit versenkte Dennis' Troßschiff bereits feindliche Zerstörer, und Harry gehörte offensichtlich zur einzigen Flak-Einheit, die wirklich weiter vorn gekämpft hatte als die Infanterie. Selbstverständlich war *ich* der einzige, der nicht übertrieb.

Arthurs Trumpf war seine Verwundung. Er hatte sich die Hand in der Lastwagentür vor einer Kantine in Farnborough geklemmt und hatte davon noch eine winzige Narbe. Nun brachte er behutsam die Unterhaltung auf diesen Punkt, rieb sein Handgelenk und murmelte: »Komisch, immer noch die Schmerzen in der Hand nach den vielen Jahren«, und dann nahm er seine Chance wahr und servierte uns eine gigantische Lügengeschichte.

Ich muß sagen, er übertraf sich selbst in dieser Nacht. Qualm füllte die Kajüte, und wir blinzelten ihn mit trüben Augen an, als er tönte und tönte, wie er ganz allein den Feind in die Pfanne gehauen hätte, wie die Offiziere nichts getaugt und wie er die Sergeanten angeschmiert hätte. Zum Schluß kam die Story, die wir schon eindutzendmal gehört hatten, wie ein eingeborener Schneider ein paar Streifen auf jede Schulterklappe seines Rockes genäht hatte und er von der Militärpolizei festgenommen wurde, weil sie ihn für einen Spion hielten. Nur daß er dieses Jahr die Geschichte noch mit der Behauptung ausschmückte, er hätte schon vor dem Erschießungspeloton gestanden, als der Irrtum entdeckt wurde.

»Sie schießen dir nicht ins Herz, wißt ihr, sie zielen überallhin. Jeder auf eine andere Stelle. Ich hatte eine Schweineangst, das könnt ihr mir glauben.«

»Schade, daß sie den Irrtum so früh bemerkt haben«, murmelte Harry müde.

Zum Glück mußte Arthur mal Luft holen, und Dennis stieß mit seiner eigenen Geschichte nach, wie er sich 1954 bei einer Hochzeit dermaßen betrunken hatte, daß er mit dem Wagen durch den Gartenzaun gefahren war. Als seine Mutter das nicht ganz in Ordnung fand, sagte er: »Sorry, so blau war ich nicht mehr seit damals 1944 in Rom.«

»Siehst du«, sagte seine Mutter triumphierend, »das wird schon eine Angewohnheit bei dir.«

Dann gingen wir zur Koje, müde, aber glücklich, und ein leichter Abwasserduft kam vom Fluß her.

Es war gegen 2 Uhr, als ich von einem furchtbaren Ächzen aufwachte. Ich schaltete das Licht ein und sah Biber sich hin- und herwälzen. Ich fragte, was los sei, und er antwortete mit dumpfer Stimme: »Der große Kasten.«

Harry und Sheila waren ebenfalls aufgewacht, und Sheila fragte besorgt, ob sie etwas tun könne. Erst wollte Biber eine Kugel durch den Kopf haben, aber dann erinnerte er sich an ein paar Suppositorien in seinem Koffer.

Sheila war in der Vorpiek und sah nach, konnte aber keine Spur von den heilsamen Suppositorien finden; sie gestand dann, sie wisse gar nicht, wie so etwas aussähe. Harry sagte, er wisse Bescheid, und suchte nach der Schachtel, aber auch er zog eine Niete. Jetzt wollte ich ihnen zeigen, daß ich viel klüger war, und suchte meinerseits. Ich wußte allerdings auch nicht, wie Suppositorien aussehen, in Wirklichkeit wußte ich nicht einmal, was das war. Aber ich war sicher, daß ich sie finden würde, wenn überhaupt etwas Medizinisches im Koffer wäre. Gut, ich drehte alles um und fand einen schauerlichen Haufen Zeugs darin: dreckige Socken und Unterwäsche, einen Kompaß, ein Taschenschach und eine Flasche Schnaps, aber nichts, was nach Suppositorien aussah.

Natürlich suchte ich nach etwas Ähnlichem wie diesen merkwürdigen Bändern und Pflastern, die in schäbigen Drogerien ausliegen. Ich fragte Biber, wie sie eigentlich aussähen, aber er wollte nichts sagen oder über ihre Anwendung sprechen, solange Sheila dabei war. Er machte einen Anlauf, sie selber zu suchen, aber in die Vorpiek zu kriechen war zuviel für ihn, und er gab es auf.

An Schlaf war nicht zu denken, solange Biber jammerte. So holte Harry die Medizinkiste, goß ihm ein halbes Wasserglas voll Cognac ein, löste sechs Aspirin darin auf und gab etwas heißes Wasser dazu.

Die erste Wirkung dieser Medizin war, daß Biber redselig wurde und erzählte, wie diese Krankheit — ein Fluch, der über seiner Familie hing wie über einem schottischen Klan in alter Zeit — ihn früher schon umgeworfen hatte. Als er aber das ganze Glas leer getrunken hatte, fing er an zu lallen, und mitten in einer seiner wirren Reminiszenzen schlief er ein.

Endlich hatten wir Ruhe.

Am nächsten Morgen ging es Biber nicht besser, er blieb in der Koje. Wir hielten Kriegsrat und beschlossen, nach unserem Plan weiterzufahren. Irgendwann würde Biber wohl wieder auf die Beine kommen. Norwich kam nun nicht mehr in Frage, und so wurde Beccles unser Tagesziel. Ein tüchtiges Stück, aber es lohnt sich, denn der Waveney, an dem Beccles liegt, ist einer der hübschesten Flüsse in den Broads.

Es war ein sonniger Tag, warm und ruhig, und ich summte mir eins beim Zähneputzen. Auf dem Nachbarboot backte Joan Omeletts, und ich hörte, wie Dennis seins nicht haben wollte; sein Kommentar: »Nein danke, meine Schuhe brauchen heute nicht neu besohlt zu werden.« Wie lange würde Joan das wohl noch aushalten?

Es wehte so gut wie kein Wind, als beide Boote zusammen den Fluß hinunterstakten, die Segel leise killend. Von Zeit zu Zeit kam ein kleiner Hauch, jedesmal unweigerlich aus einer anderen Richtung. Und nach einer Weile kümmerten wir uns nicht mehr um solche falschen Alarme und rackerten uns vorwärts, mit Ablösung alle zwanzig Minuten.

Biber hatte sich so weit erholt, daß er wieder am Geschehen Anteil nahm. Als er die Lage durch ein Bulleye gepeilt hatte, verlangte er, wir sollten uns mehr anstrengen, um Arthur zu überholen, der an uns vorbeigekrochen war.

Wir fingen nur so aus Spaß an der Freud' an, schneller zu staken, und Arthur, der noch nie einer Herausforderung widerstanden hatte, machte prompt mit. In wenigen Minuten entwickelte sich ein wilder Kampf. Ich kannte das schon von früher, Biber kämpfte meistens mit irgendeinem anderen Boot um die Spitze. Der Race dauert gewöhnlich so lange, bis jemand zusammenbricht — oder bis Wind aufkommt.

Dieses Mal versuchte Dennis uns eins überzubraten, indem er *Quiet Dawn* treidelte. Kaum waren wir frei von den Bäumen, da sprang er mit einer langen Leine, die Arthur sich immer von der Werft für derartige Notfälle mitnimmt, an Land, und stampfte am Ufer entlang. Das ging gut, bis er an eine unpassierbare Stelle am Ufer kam und die Leine loslassen mußte. Arthur trieb weiter, während Dennis sich einen Weg durch die

Bäume suchte. Er kam außer Sicht, und dann war ein langgezogenes Geheul zu hören. Als er wieder auftauchte, war deutlich zu sehen, daß er in einen besonders unappetitlichen Morast gefallen war.

Wir waren eben an Brundall vorbei, beide Boote trieben faul in der Mitte des Flusses, als wir das bekannte Stampfen eines Dampfers hinter uns hörten. Ich legte das Ruder über, um näher ans Ufer zu kommen, und Dennis auf *Quiet Dawn* tat dasselbe. Nichts passierte. Wir hatten keine Fahrt im Schiff und trieben hilflos weiter und versperrten die Mitte des Fahrwassers.

Harry griff sich den Staken und steckte ihn ins Wasser. Aber ich wußte, daß es keinen Zweck hatte. Noch nie hat ein Staken an dieser Stelle den Grund des Yare erreicht.

Was habe ich früher behauptet: Vom Schlick herunterzukommen sei der wahre Test für den haarigen Segler? Ich hätte noch einen weiteren Supertest nennen sollen: die Fähigkeit, ohne Wind und ohne Staken Fahrt zu machen.

»Paddel«, schrie ich, als der Dampfer ständig tutend auf uns zukam.

Glücklicherweise wußten alle, was zu tun war. Sheila tauchte in die Kombüse, holte die Bratpfanne und fing damit an, an Backbordseite zu paddeln. Harry dasselbe mit dem Kajütmop an Steuerbord. Ich pumpte mit der Pinne wie wahnsinnig hin und her. Von *Quiet Dawn* drüben kam ein Plumpser: Dennis war über Bord gejumpt und schwamm mit der Vorleine in Richtung Ufer los, während Arthur es mir nachmachte und mit der Pinne pumpte.

Das Erstaunliche ist, daß alle diese Methoden wirklich helfen. Wir schätzen, daß »Pinne-Sägen und Paddeln« einen halben Knoten zuwege bringen, was meistens genügt, um wenigstens aus dem Wege zu gehen. So auch dieses Mal. Wir trieben langsam in die Bäume, und der Dampfer fuhr mit einem Abschiedstuten vorbei. In diesem Moment kam von unten ein furchtbarer Schrei.

Harry riß die Kajüttür auf und fand Biber auf seiner Koje. Er schnatterte unverständliches Zeug und hielt sich die Augen zu. Offenbar war er aufgewacht und hatte gesehen, wie die Bordwand des Dampfers das Licht des Bulleyes verdunkelte. Nach dem gestrigen Erlebnis war das zuviel für ihn.

Der Wind wurde im Laufe des Vormittags besser, und zum Lunch waren wir wieder in Reedham. Auf dem Wege machten wir einen kleinen Abstecher zum Rockland-See, so daß wir sagen konnten, wir wären wenigstens auf einem der Seen gewesen. Dank den mancherlei Krisen, die wir durchzustehen hatten, sah es so aus, als hätten wir keine Zeit für etwas anderes, als die Flüsse hinauf- und herunterzupinschern. In Reedham mußten wir eine Zeitlang anhalten, weil Dennis' Katze auf der Jagd nach einem Schmetterling außenbords fiel.

Aber wir widerstanden der Versuchung, ins »Nelson« zu gehen, weil wir noch viel vorhatten.

Als die Katze gerettet war, hatte Sheila die schlaue Idee, sie zu Biber hinunterzubringen. Sie sollte ihn aufheitern, so wie man weiland König David in seinen alten Tagen schöne Mädchen präsentiert hatte. Der Gedanke war an sich gut, aber in der Praxis funktionierte es nicht. Nach zwei Minuten gab es unten ein Rumpeln und Quietschen, und Biber schrie, er würde zu Tode gekratzt von einem wilden Tier, das in die Kajüte eingedrungen sei.

Sheila ging 'runter. Die Katze hatte ihre Krallen in Bibers Bart verfangen, so daß keiner von beiden sich rühren konnte, und so lagen sie da und starrten einander an. Es war ein so ungewöhnlicher Anblick, daß wir alle 'runterstiegen, um uns das anzusehen, was Biber nicht gerade entzückte. Harry sagte: »Da müssen wir eben deinen Bart abschneiden, Biber.« Darauf ein Wutgebrüll und der Gegenvorschlag, der Katze die Pfoten abzuschneiden.

Sheila rettete die Situation, indem sie Pussy streichelte, bis sie ihre Krallen einzog, und dann wurde sie vermittels eines Weitwurfs auf *Quiet Dawn* zurückbefördert.

Die Drehbrücke war dieses Mal kein Problem. »Sie müssen meinen Brief bekommen haben«, rief Biber aus der Kajüte. Wir kamen durch und hatten keine größeren Schwierigkeiten dabei, als man sie eben hat, wenn man versucht, durch eine enge Durchfahrt zu segeln, in der der Wind abgeschnitten ist. Dann, anstatt wieder auf den Yare nach Breydon Water zurückzugehen, bogen wir in den New Cut ab. Das muß der älteste »New Cut« sein, den es gibt. Er wurde ungefähr vor 150 Jahren als Abkürzung für die Lastkähne gebaut, und heute dient er den Yachten für den gleichen Zweck.

Früher wurde dieser Kanal von einer reizenden kleinen Klappbrücke überspannt, die wir unter uns die Van-Gogh-Brücke nannten. Wenn man keine Lust hatte, den Mast zu legen, mußte man dem Eisenbahnwärter Bescheid sagen, und ein paar Minuten später kam ein Dienstmann geradelt und machte die Brücke auf; Kostenpunkt zwei Schilling. Heute führt an derselben Stelle eine moderne Straßenbrücke über das Wasser, die so großartig konstruiert ist, daß sie für die meisten Segelyachten genau zwanzig Zentimeter zu niedrig ist. Biber behauptete allerdings, es gäbe Boote, die bei Niedrigwasser und mit einer gewichtigen Crew an Bord drunter durchschrammten, wenn sie nichts dagegen hätten, ihren Stander zu verlieren – ein für Biber typischer Gedankengang.

Der New Cut geht bei der Eisenbahnbrücke von Haddiscoe in den Waveney. Der Wind war eingeschlafen, und wir trieben aus dem Cut, wobei wir hier und da lässig mit dem Staken nachhalfen. Die Tide lief kräftig flußaufwärts auf die Brücke zu, die offen war. Wir freuten uns, auf dem Waveney zu sein. Sheila füllte den Teekessel. Harry hörte mit dem Staken auf und steckte sich eine Zigarette an. Da rief der Brückenwärter aus seinem Fenster, daß er die Brücke schließen müsse.

Ich legte Ruder, ohne Wirkung. Wir trieben weiter auf die Brücke zu. Harry sprang hoch, stieß den Teekessel um und griff nach dem Staken. Wie meistens, wenn man ihn schnell braucht, verfing er sich in den Wanten. Es sind niederträchtige Gesellen, diese Staken. Wenn man sie nicht braucht, drängen sie sich auf und liegen bei jeder Gelegenheit im Wege. Aber wenn man sie schnellstens haben muß, streiken sie und verfangen sich im nächsten Ende. Schließlich bekam Harry den Staken frei und tauchte ihn ins Wasser.

Er kam nicht auf den Grund.

»Lassen Sie die Brücke auf!« rief ich dem Wärter zu.

»Zug unterwegs«, antwortete er und fügte noch hinzu: »Die Züge hier in der Gegend können nich schwimmen.«

Die Brücke ging zu. Harry warf den Staken an Deck und fing an, mit dem Kajütmop zu paddeln. Ich wackelte mit der Pinne. Zu spät.

Als die Brücke herumschwang, empfand ich einen

Moment der Euphorie. Das wäre doch sicher ein Leckerbissen für den alten Jem Green gewesen? Jedenfalls war *ich* am Ruder, *ich* hatte das Kommando ...

So stehe ich denn am Ruder der winzigen Fischerketsch, die angesichts des kleinen Fischerdorfes von der gewaltigen See in Stücke geschlagen wird, und die Dorfleute am Ufer feuern Kanonenschläge nach allen Seiten und singen: »Wenn mit wildem Unverstand Wellen sich bewegen ...«

Ich halte die Hände trichterförmig an den Mund, und der Regen strömt von meinem Ölzeug herunter.

»Das Boot fieren, Jungs, macht schnell.«

»Dat geiht nich, Käpp'n Jem. Dat sitt fast!«

Mit ein paar langen Schritten bin ich von der winzigen Brücke herunter beim Bootsdavit, und mit einem Schlag meiner handkoffergroßen Pranke schlage ich den eingeklemmten Block los, und mit der anderen Hand schiebe ich ein paar Hasenfüße beiseite, die versuchen, als erste in das Boot zu kommen.

»Alles klar, Jungs, nu fix jumpen.«

Das gebrechliche Boot ist zu Wasser, gefährlich überladen.

»Jump, Käpp'n, ehr dat to lat is.«

»Ich nicht, Jungs, kein Platz mehr. Rettet euch! Das ist ein Befehl!«

»Gott segne Sie, Käpp'n, Sie sind 'n feinen Kerl!«

Ich hebe grüßend die Hand. Der Dorfchor ist derweil zu »Stürmisch die Nacht und die See geht hoch ...« übergegangen. Das Boot legt sich im Todeskampf schwer auf die Seite. Mit einem trotzigen Grollen werfe ich mich in die kochende See und schwimme mit kräftigen Stößen an die Küste und mache mir nicht einmal die Mühe, das Ölzeug abzustreifen.

Ein unheilverkündendes Klicken unterbrach meinen Tagtraum. Die Brücke ging zu. Jem Greens Erscheinung verblaßte, und ein mickeriger Stadtbewohner trat an seine Stelle.

»Rette sich, wer kann, Frauen und Kinder zuerst!« quäkte ich. Sheila sträubte sich, aber Harry stieß sie über Bord, jumpte selber und ich hinterher. Wir sahen ziemlich dämlich aus, wie wir da im Wasser schwabbelten und zur Brücke hochguckten.

Auf einmal fiel mir ein, daß Biber ja noch unten schlief.

Die Brücke bekam den Mast zu fassen, und das Boot holte beängstigend über. Dann ein scharfes Krachen, und der Mast kam von oben.

An das, was nun folgte, habe ich nur eine wirre Erinnerung. Aber bestimmt kam der meiste Lärm aus dem Boot, es klang, als ob da ein junger Stier los wäre. Fluchen, Schimpfen, Verwünschungen tönten uns entgegen, als wir zu unserem zerschlagenen Wrack zurückschwammen, um wieder an Bord zu steigen. Dann steckte Biber seinen Kopf aus dem Niedergang, starrte auf den wüsten Trümmerhaufen um sich und sagte nur: »Hol's der Deubel!«

Er half uns nicht einmal, als Harry und ich an Bord enterten (Sheila war klugerweise an Land geschwommen), sondern starrte weiter um sich und redete immer wieder von seiner Krankheit.

Gerade erreichten wir mit Hängen und Würgen das Ufer, da ging die Brücke auf und Arthur segelte glatt durch. Er leitete das Gespräch damit ein, daß er uns fragte, ob wir die außergewöhnliche Lokomotive gesehen hätten, die eben vorbeigefahren sei. Harry sagte nein, aber er hätte eine außergewöhnliche Yacht bemerkt, die eben durchgegangen wäre, eine Yacht ohne Mast und mit einem bärtigen Irren an Bord, der im Niedergang stand und quatschte.

»Kommt mir so vor, als ob ihr euren Mast verloren habt, wie?« gab Arthur nach einem langen Blick auf das Trümmerfeld von sich, »und was macht ihr nun?«

»Mike ruft die Werft an«, bestimmte Biber von der Kajüte aus, wohin er sich zurückgezogen hatte.

»Nein, nein, ich nicht«, entgegnete ich, »ich will mit diesem Kerl von Loudwater nichts zu tun haben. Du kennst ihn doch am besten. Bei dir ist er doch solche Havarien gewohnt.«

»Genau deshalb will ich nicht mit ihm sprechen«, sagte Biber nicht ohne Logik, »außerdem, du warst am Ruder. Also ist es deine Sache.«

»Laß Arthur anrufen«, schlug ich vor, »es ist ja nicht sein Boot, da kann Loudwater nichts sagen.«

Arthur winkte ab: »Bloß nicht, den alten Halsabschneider würde ich nicht für allen Tee in China anklingeln.«

Ich machte mich auf die Suche nach einem Telefon.

Das war nicht einfach, und als ich endlich eine Telefonzelle gefunden und Loudwaters Nummer gewählt hatte, läutete es lange, ohne daß jemand abnahm. Das war ein schlechtes Zeichen: Jemand mußte weit zum Telefon laufen und würde daher sauer sein. Ich stellte mir Loudwater vor, wie er bei seiner Siesta am Flußufer aufgeweckt würde und mühsam zum Telefon humpelte. Gerade wollte ich den Hörer auflegen, da meldete sich jemand.

»Hallo«, sagte eine Stimme im weichen Norfolk-Tonfall, »hier Loudwaters Werft.«

»Ah« — ich wußte nicht, was sagen, und ging zur Verzögerungstaktik über — »ist dort Mr. Loudwaters Werft?«

»Ja, hier Loudwaters Werft.«

»Äh — ist Mr. Loudwater zu sprechen?«

»Nein.«

»Gott sei Dank — ich meine, das ist aber sehr schade ... Sehen Sie, ich bin von *Merryweather II* ... wir hatten ein bißchen Pech — ha, ha, ha — nicht schlimm, wirklich ... ha, ha, ha ...«

»*Merryweather II?* Sie sind doch die Leute, die diesen Ärger da in Potter hatten? Das Boot mit 'nem Skipper mit 'nem Bart, der Mr. Loudwater kennt?«

»Ja, das sind wir. Wir — ha, ha, ha — also die Sache ist die — ha, ha, ha. Wir haben unseren Mast verloren.«

Langes Schweigen. Dann sagte der Mann:

»Je, je, je ... Ach du lieber Himmel, ich weiß nicht, was Mr. Loudwater dazu sagt. Ich muß zu ihm nach Hause radeln und es ihm sagen, wissen Sie.«

»Bitte sehr, tun Sie das«, sagte ich großmütig. Schließlich konnten wir nichts dagegen haben, daß Loudwater erfuhr, daß wir sein Boot zum Wrack gefahren hatten. »Aber was werden Sie tun?«

Der Mann wußte es nicht genau. Wir sollten nach St. Olaves Bridge staken, und sie würden versuchen, einen Lastwagen mit einem neuen Mast hinzuschicken. Vielleicht morgen früh, vielleicht auch gar nicht, je nachdem, was Mr. Loudwater davon hielte

»Übrigens«, sagte er noch, »Mr. Loudwater hat sich sehr aufgeregt wegen der Sache in Potter. Wissen Sie, daß die Frau mit den Anfällen noch nicht wieder auf den Beinen ist? Liegt nur da und ächzt und stöhnt. Da haben Sie uns was Schönes eingebrockt, das glauben Sie man.«

Ich war einigermaßen erleichtert, als diese Unterhaltung zu Ende war.

Wie zu erwarten, erntete ich keinerlei Lob für meinen heroischen Einsatz. Biber sagte, ich hätte darauf bestehen müssen, mit Loudwater persönlich zu sprechen, und ihm kräftig Bescheid sagen sollen, von wegen zu kurze Staken, die nicht bis zum Grund reichen, wenn die Sache kritisch wird, und sein verrotteter Mast, der beim kleinsten Bums gleich von oben käme. Dennis sagte, ich hätte energisch verlangen müssen, daß sie unverzüglich einen neuen Mast schickten, anderenfalls unser Scheck gesperrt würde.

Die arme alte »Merryweather« war ein trauriger Haufen Unglück. Wir klarten auf, so gut es ging, und stakten ungefähr eine Meile flußab nach St. Olaves, wo wir den gebrochenen Mast ans Ufer legten und alles, soweit es ging, für die Reparatur vorbereiteten.

Biber zog sich in die Kajüte zurück, und wir anderen saßen niedergeschlagen auf *Quiet Dawn* herum – und warteten, daß die Kneipe aufmachte. Joan ließ sich nicht sehen, denn sie hatte strikte Order von Dennis, eine Seezunge *bonne femme* zuzubereiten, und das ist kein leichtes Unterfangen, wenn man sie auf den Knien kochen muß. Ich fragte mich, wann Joans Rebellion wohl kommen würde. Ich sinnierte noch darüber, da kreischte sie gellend auf und schmiß den Fisch in den Fluß. Ich muß sagen, ich hätte nicht gedacht, daß sie derart heftig reagieren würde, und dann sah ich, warum: Eine Ratte saß am Ufer und starrte auf das Boot.

»Merkt euch, was ich sage«, sprach Arthur feierlich, »diese Ratten wissen Bescheid, unsere Pechsträhne ist noch nicht zu Ende . . .«

Zehn

In dieser Nacht starb die Katze.

An Herzschwäche, nach den Ereignissen des Vortages. Arthur fand sie tot, als er seinen gewöhnlichen Morgendämmerungsrundgang über die Liegeplätze machte, und er weckte uns alle sofort, schluchzte vor Kummer und sagte, die Ratten *wüßten Bescheid*. Pussy wurde noch vor dem Frühstück feierlich begraben. Wir betteten den kleinen Kadaver behutsam in ein flaches Grab auf einer nahen Marschwiese. Darauf kam ein Kranz aus Binsen, und das Ganze wurde mit einer Ansichtskarte von Potter Heigham gekrönt mit der Inschrift:

ARME PUSSY.

Ich hoffe, jemand wird ebensoviel für mich tun, wenn es mit mir einmal soweit ist.

Kein Wunder, daß dieses Ereignis unsere Stimmung verdunkelte. Die Trauergesellschaft saß bei der dritten Tasse Kaffee und wartete auf den Lastwagen von Loudwater. Noch inmitten unserer Trauer tauchte Biber mit lautem Freudengeheul aus der Kajüte auf und hielt ein kleines Päckchen fest in der Hand.

»Ich hab' sie gefunden!« schrie er, »ich hab' sie gefunden!«

»Was gefunden?« fragte Harry.

»Meine Suppositorien! Sie steckten in der Schuhspitze. Ihr wißt ja gar nicht, was das für mich bedeutet!«

Es war sicher schon lange her, daß jemand in St. Olaves das Wort »Suppositorien« aus vollem Hals gebrüllt hatte, und ein paar befremdete Gesichter drehten sich in unsere Richtung, besonders als Biber so außer sich war vor Freude, daß er an allen festgemachten Booten entlangtanzte, mit seinem Päckchen winkte und die gute Mär allen und jedem zurief. Ich bin sicher, ein paar Leute dachten, er hätte in der Fernsehlotterie gewonnen. Jedenfalls gratulierten sie ihm, und er schüttelte Hände, zeigte ihnen sein kleines Päckchen und konnte gar nicht begreifen, daß sie lange Gesichter machten und sichtlich pikiert den Rückzug antraten.

Darauf verschwand Biber für fünf Minuten.

Er erschien wieder, nach allen Seiten lächelnd und eine Aura von Bonhomie um sich verbreitend. Diese kleinen Dinger mußten etwas ganz Wunderbares sein!

Loudwaters Laster kam um 9.30 Uhr mit einem neuen Mast, der vorn und hinten weit überstand. Ich zog mich in den sicheren Hintergrund zurück, falls Loudwater mitgekommen wäre und den Wunsch haben sollte, den Rudersmann ins Kreuzverhör zu nehmen. Er war aber nicht mit dabei; einer von den Arbeitern sagte, er hätte sich gleich zu Bett gelegt, als er von der Havarie hörte.

Sie brauchten zwei Stunden, um den neuen Mast zu setzen, und sie machten ihre Arbeit tadellos. Die Bootsbauer von Norfolk sind großartig und sehr stolz auf ihr Handwerk, auch wenn sie manchmal so tun, als nähmen sie es nicht so ernst. Was sie unter einem »grob hingehauenen Job« verstehen, hat ein Finish wie ein Stück Chippendale – auch wenn es nur eine Behelfsreparatur ist. Aber ich kenne keinen, der von seiner Arbeit anders reden würde als von einer »alten Flickschusterei«.

Kaum war alles fertig, verlangte Biber, nun wieder ganz der alte, sofortigen Start nach Beccles. Wir waren nicht besonders begeistert, denn das bedeutete eine fast unmögliche Strecke am nächsten Tag, dem letzten unseres Törns. Doch Biber überschüttete uns mit einer ganzen Ladung optimistischer Angaben: Wie leicht es bei der mitlaufenden Tide gehen würde, wenn wir im Morgengrauen losgingen, und wir gaben nach. Nebenbei, wir alle mögen Beccles sehr gern, es ist unser Lieblingsplatz.

Wir schipperten ohne besondere Vorkommnisse mit einem frischen Wind ungefähr eine Stunde dahin. Gegen zwei Uhr waren auf *Quiet Dawn* Anzeichen von Meuterei bemerkbar. Laute Stimmen drangen aus dem Kockpit, und Joans helles Organ war besonders vernehmbar. Biber segelte so nahe heran, wie er konnte, um zu lauschen, und wir hörten Joan auftrumpfen: »Nein, ich mach' euch keinen Lunch! Ich rutsche die ganze Zeit auf den Knien auf diesen elenden Bodenbrettern 'rum, und Dennis trampelt mit seinen dreckigen Quanten auf mich, und ihr allein habt den ganzen Spaß an der Sache. Jetzt könnt ihr mal den Lunch machen, und ich segle das Boot.«

Dennis und Arthur sahen sie an, wie der Gerichtsdiener Oliver Twist angeschaut haben muß, als er um mehr bat.

»Das Boot segeln?« rief Dennis verwundert, »du machst wohl Witze, Mädchen. Nun sei lieb und setze diese Spaghetti auf. Wir haben Hunger.«

»Ah«, gab Arthur dazu, »ich habe schon zwei Stunden nichts mehr zu essen gehabt.«

»Nein«, sagte Joan fest, »setzt ihr gefälligst eure verdammten Spaghetti selber auf, und ich hoffe, ihr erstickt daran.«

Dennis verlegte sich aufs Schmeicheln. »Aber Joan«, sagte er, »du kannst ja gar nicht segeln!«

»Dann bring es mir bei. Ich muß schon sagen, was ich von Mike gesehen habe, so gut wie der kann ich das auch.« (Das war nun gar nicht nett von ihr.)

Sie stritten ungefähr zehn Minuten hin und her, was dem Segeln nicht gerade dienlich war, und wir zogen ihnen davon. Allerdings wurden wir dann von einem Gentleman auf einem Fahrzeug, das aussah wie ein schwimmender Barsalon, aufgehalten; der jagte uns in die Binsen. *Quiet Dawn* kam um die Biegung in Sicht. Zuerst dachte ich, sie stände in Flammen. Eine dichte Wolke von weißem Dampf stand über dem Kockpit, und je näher sie kam, desto lauter ertönten gotteslästerliche Verwünschungen und Flüche.

Ich sah jetzt, daß der Rauch Dampf war, der aus einem Topf mit kochendem Wasser in der Kombüse kam. Arthur stand an Deck und bemühte sich um den Topf; er schimpfte nicht schlecht – über den Topf samt Inhalt und über den, der sich »diesen verdammten Quatsch ausgedacht« hätte. Wahrscheinlich hatte er sich verbrüht – er hatte eine Hand in seine Jacke gesteckt wie weiland Napoleon.

Joan saß am Ruder!

Der Wind kam halb, so konnte sie nicht allzuviel Unheil anrichten, und Dennis bediente die Schoten und gab ihr Anweisungen; er hielt sich jedesmal die Hand vor die Augen, wenn Joan auf das Ufer oder auf ein anderes Boot zusteuerte.

Biber verhielt die Fahrt, so daß wir das Schauspiel voll genießen konnten. Ich bin ihm dafür dankbar, denn ich bekam etwas zu sehen, woran ich mein Leben lang denken werde, noch länger als an den Vikar, der seinen Gemeindesaal in die Luft jagte, als er den Knalleffekt für eine Live-Sendung des Jüngsten Gerichts ins Werk setzte.

Als *Quiet Dawn* die Biegung rundete, kam der Wind achterlich, und Joan gestattete sich eine Patenthalse. Der Baum schleuderte Arthur, der gerade dabei war, die Spaghetti abzugießen, wie einen nassen Sack quer über das Kockpit.

Das kochende Wasser muß Dennis über die Füße gelaufen sein, denn er schoß hoch wie ein Hubschrauber und hopste im Kockpit herum. Arthur hob anklagend seine schmerzenden Hände, um die sich heiße Spaghetti ringelten, und schleuderte das Zeug von sich, wobei ein guter Teil Joan ins Gesicht flog, was ihr ein interessantes Aussehen verlieh.

Quiet Dawn lief auf ein am Ufer festgemachtes Boot zu, auf dem vier Sea-Scouts sich an ihrem Mahl erfreuten. Joan legte Ruder, um klar zu kommen, aber verkehrt. Nun tat sie, was Anfänger in dieser Lage oft tun. Als sie merkte, daß sie eigentlich an der Pinne ziehen mußte, statt sie von sich wegzuschieben, schob sie nur um so kräftiger. *Quiet Dawn* drehte sauber ab, mit einer Präzision, die einem Kriegsschiff Ehre gemacht hätte, und nahm die Marinejugend auf die Hörner.

»Joan«, schrie Harry hinüber, »Ruder anderen Weg!«

Joan drehte sich um und sah ihn mit einem abwesenden, durchgedrehten Lächeln an, bevor sie das Ruder noch weiter in die verkehrte Richtung legte. Dennis und Arthur waren zu sehr mit ihren eigenen Wehwehchen beschäftigt und merkten nicht einmal, was los war.

Das war eine eigenartige Ramming. *Quiet Dawns* Klüverbaum stieß sauber in eines von den Seitenfenstern der Marinejugend, als wäre er genau dahin gezielt gewesen. Ein Knirschen, ein Klirren, dann ein Chor von überraschten Stimmen – *Quiet Dawn* war angekommen und schwang leise mit dem Klüverbaum in der Kajüte der Sea-Scouts hin und her.

Der Stoß holte wenigstens Dennis und Arthur augenblicklich wieder in die Wirklichkeit zurück. Joan saß achtern, starrte auf ihr Machwerk und brach in Tränen aus.

Die Scouts benahmen sich sehr anständig. Man darf vermuten, daß sie selbst sich schon einmal ähnliches geleistet hatten. Sie wollten auch unbedingt Joan, Dennis und Arthur Erste Hilfe angedeihen lassen, ebenso einem von der eigenen Crew, der ahnungslos auf der Koje gelegen hatte, als der Klüverbaum in die Kajüte eingedrungen war, wie ein Schwertfisch, der sich etwas eigenwillig Zutritt verschaffte.

Die Jungs waren sehr eifrig und übertrieben die Erste Hilfe denn doch wohl ein bißchen. Als sie mit Dennis fertig waren, sah der aus wie eine dieser Karikaturen von Leuten, die Gicht haben. Und Arthur hatten sie den linken Arm mit zwei Meter Verbandsstoff ans rechte Bein gezurrt. Er beschwerte sich bitter darüber, und sie wickelten alles wieder ab und verbanden ihn neu. Nun war der rechte Arm am linken Bein fest. Da wurde er wütend und riß den ganzen Kram herunter. Joan wurde als schwerer Fall von Nervenschock behandelt, der erste Sea-Scout, der in ihre Nähe kam, klatschte ihr kräftig ins Gesicht und goß einen Topf Wasser über sie.

Joan hatte aber gar keinen Nervenschock, sie schluchzte nur noch lauter und schrie: »Warum laßt ihr zu, daß sie das mit mir machen? Will denn niemand sie abstoppen?«

Am Ende kam alles zurecht, und wie schieden als gute Freunde. Danach segelten Arthur und Dennis *Quiet Dawn* nach Beccles hinein, Joan verzichtete freiwillig.

Wir kamen gegen sieben Uhr an. Es war ein harter, durstiger Tag gewesen mit einer guten Portion Staken auf dem letzten Ende, und kaum waren auf beiden Booten die Segel unten und weggestaut, brachen alle Mann auf und marschierten ab zu einem lütten Schnellen vorm Abendbrot.

Sheila und Joan hatten miteinander auf der Pier gemunkelt, und Sheila stoppte uns mit dem Ruf: »He, wo wollt ihr Pack denn hin?«

»In die Pinte«, erklärte Harry ihr geduldig wie einem begriffsstutzigen Kind.

»Ihr nicht«, rief Sheila, »ihr werdet Abendbrot machen, Joan und ich gehn in die Pinte.«

»Ich glaube, die Frauen meutern«, sagte Harry.

»Ich weiß, aber das nützt ihnen auch nichts«, sagte Dennis scharf. Das brachte uns nicht weiter. Die Mädchen kniffen die Lippen zusammen und schüttelten trotzig die Locken.

»Seid nicht albern«, steuerte Biber bei. Er fand Unterhaltungen mit Weibsbildern schwierig und war dieser Lage nicht gewachsen.

»Das ist Meuterei, und das ist ein böses Wort«, ließ sich Arthur vernehmen.

»Joan und ich sind bloß zum erstenmal vernünftig«, sagte Sheila entschieden. »Kocht ihr Männer nun das Abendbrot oder nicht?«

»Aber ich habe doch schon den Lunch gemacht«, sagte Dennis mit gequälter Stimme.

Darauf wollten die Mädchen sich totlachen.

Erstaunlicherweise war es Biber, der uns in den Rükken fiel.

»Allright«, sagte er den Mädchen, »wir kochen das Abendbrot. Wir werden euch zeigen, wie man das macht. Nur müßt ihr jetzt einen trinken gehen und selbst bezahlen. In Ordnung?«

Die Mädchen sagten ja und zogen mit viel Gekicher ab.

Um die Vorbereitungen einfacher zu gestalten, beschlossen wir, für beide Boote gemeinsam zu kochen. Zusammengenommen verfügten wir über ganz nette Erfahrungen im Kochen, die wir mühsam als möblierte Herren gesammelt hatten, und wir waren keineswegs hilflos, solange wir alles aus Büchsen nehmen konnten. Das Menü sollte also aus Büchsensuppe, Büchsenfleisch mit Erbsen und Karotten aus der Büchse und zum Abschluß Büchsenobst mit kondensierter Büchsenmilch bestehen. Da konnte nichts schiefgehen, und als Extra-Gang machte sich Arthur für Kartoffelbrei aus Pfanni stark.

Wir sahen keine Veranlassung, das Leipziger Allerlei aufzusetzen, bevor die Mädchen in Sicht kamen, denn dann war immer noch genug Zeit zum Kochen, während wir die Suppe aßen. So zapften wir die Medizinkiste an, rauchten, erzählten Witze und spannen uns gegenseitig ein Garn vor. Dann, als wir die Mädchen über die

Wiese zur Pier kommen sahen, stürzte ein jeder auf seine Station.

Harry war Chefkoch; mein Job bestand darin, Büchsen aufzumachen. Darin bin ich ganz groß, ich habe in meinem Leben unendlich viele Büchsen aufgemacht. Ich stürzte mich einfach auf jede Büchse in Reichweite und öffnete sie in wildem Eifer, und Harry tat den Inhalt in den Schmortopf und rührte von Zeit zu Zeit mit professioneller Kunstfertigkeit darin herum.

Erst kamen drei Büchsen Fleisch, dann die Büchsen mit dem Gemüse und dann das Obst und die Sahne. Ich kniete an Deck, machte laufend die Büchsen auf und reichte sie 'rauf wie ein Förderband. Endlich war ich mit der letzten Büchse fertig. Da entfuhr Harry ein kleiner Schreckensruf. Er peilte mit sonderbarem Ausdruck in den Schmortopf.

»Mike«, sagte er mit gequälter Stimme, »ich hab' die Ananas und die Mandarinen mit in den Topf getan.«

Es gab dann Suppe, Kartoffelbrei und Käse.

Als die Mädchen meckerten, wies ich darauf hin, daß ich im Kriege einmal genau das gleiche Menü bekommen hätte, und der Messeoffizier hatte diese Mahlzeit als ein »nahrhaftes und durchaus ausreichendes Dinner« bezeichnet.

Danach verlegten wir unseren Sitz ins »Cambridge«, wie jedes Jahr, wenn wir in Beccles sind. Old Harry, der Wirt, gibt uns immer den Raum nach hinten mit dem Harmonium, auf dem wir melancholische Trauerweisen spielen und wo wir singen können, ohne die anderen Gäste zu sehr zu peinigen. Harry erzählte uns von einer Crew, die er gerade flußaufwärts mühsam hatte kreuzen sehen – mit achterlichem Wind.

»Was macht ihr da«, hatte er hinübergerufen, »kreuzen mit Wind von achtern?«

»Ist in Ordnung«, kam die Antwort, »wir kennen diese Ecke ganz genau. *Voriges Jahr mußten wir hier auch kreuzen.*«

Über die unerklärlichen Kanäle des Küstenklatsches hatte Harry bereits von unseren Mißhelligkeiten in Potter Heigham gehört – und von unserem gebrochenen Mast. Ein anderer Gast an der Bar wußte zu berichten, Loudwater speie Feuer und Verderben, aber wir trösteten uns damit, daß er vielleicht übertrieben hätte.

Der Abend endete damit, daß Arthur »Wenn mit wildem Unverstand ...« auf dem Harmonium spielte (einen älteren Mann in der Bar rührte es so daß er in Tränen ausbrach), und dann zickzackten wir mit unsicherem Kurs zu den Booten zurück. Auf dem Marktplatz machten wir halt, um »Lilli Marleen« zum besten zu geben. Nach der ersten Strophe wurde ein Fenster heftig aufgestoßen, und ich bekam es schon mit der Angst. Jedoch:

»Das war sehr fein«, rief ein Mann von oben, »noch ein Lied!«

Ich mag Beccles wirklich zu gern.

Auf den Booten wurden die Medizinkisten geplündert, und wir sangen auf *Quiet Dawn* weiter. Es wurde eins, bis wir in die Koje kamen, also vier Stunden Schlaf vor unserem Start um 5 Uhr früh zum letzten vollen Tag der Reise.

Ich stieß gerade meine Einschlafzigarette im Kockpit, als es draußen »Feuer!« rief, und ehe ich wußte, was los war, schoß vom Ufer der harte Strahl eines Feuerlöschschlauchs über mich. Als das ganze Boot schwamm, zogen sie mit »Boyur«-Geschrei ab ...

Sofortiger Großalarm, und eine halbe Stunde später schlichen wir am Ufer entlang zu Arthurs Boot. Unsere Absicht war schlicht, es auf Drift gehen zu lassen. Aber als Biber, Harry und ich auf allen vieren am Ufer entlangkrochen, kam ein Polizist geradelt, leuchtete uns mit seiner Lampe an und fragte, was wir da täten.

So eine Frage bringt einen immer etwas in Verlegenheit. Man könnte ja antworten: »Ich krieche auf allen vieren am Ufer entlang«, oder man könnte sagen: »Alles in Ordnung, Herr Wachtmeister, ich gehe immer so.« Aber jedem Engländer, der es mit dem Auge des Gesetzes zu tun bekommt, sträuben sich erstmal sämtliche Haare. Nicht daß es eine Rolle spielt, was man sagt. Sie schreiben sich alles Wort für Wort auf, und dann verlesen sie es vor Gericht mit dieser besonderen volltönenden Stimme, die sie für die Verlesung der Aussagen des Beschuldigten reserviert haben; das klingt dann, als wenn der Angeklagte ein ganz hartgesottener Verbrecher wäre.

Biber versuchte die Angelegenheit zu klären, indem er seinen Bart an das Ohr des Polizisten drückte und ihn in einem Bühnenflüstern darüber aufklärte, daß wir Freunden auf einem anderen Boot einen Streich spielen wollten. Der Polizist verstand nicht und fragte sehr laut: »Was haben Sie gesagt?« Schließlich brüllten sie sich einander fast an, doch als der Polizist es kapiert hatte, spielte er sofort mit und erbot sich, Schmiere für uns zu stehen.

Bei *Quiet Dawn* angelangt, warf Harry sie los und Biber und ich gaben ihr einen mächtigen Stoß auf das Hafenbecken hinaus. Wir lachten uns alle halb tot, einschließlich des Polizisten – bis ein Wasserstrahl aus der Dunkelheit auf uns zuschoß und das Auge des Gesetzes mitten ins Gesicht traf. Er hörte sehr schnell auf zu lachen.

Das war Arthurs Geschoß, der am Wasserhahn auf der Pier auf der Lauer gelegen hatte. Er verwechselte den Polizisten in der Dunkelheit mit Biber und spritzte ihn von oben bis unten ab und wieherte vor Lachen. Schließlich ging der Polizist nahe genug an ihn heran, und Arthur dämmerte es, und der Wasserstrahl tröpfelte nur noch müde aus dem Mundstück. Ein unheimliches Schweigen hing plötzlich in der Luft.

Der Rest des Cognacs und zwei Tassen heißer Kaffee gingen drauf, um den Polizisten zu besänftigen. Ich glaube, der Cognac hat es geschafft. Er war schon fast freundlich, als er ausgetrunken und das meiste von seiner Feuchtigkeit überall in der Kajüte verteilt hatte. Es ist ein Jammer, daß es nicht viel mehr solche Orte gibt wie Beccles . . .!

Um 3 Uhr kamen wir endlich in die Koje.

Kleine Wassertropfen, die dir ins Gesicht fallen, sind meist ein Zeichen von Regen.

Wenn ein Paket Waschpulver in die Bilge gekippt wird, brauchst du nicht mehr weiterzusegeln, es sei denn, du schläfst gern in einer Schaumwolke.

Wenn es im Boot übel riecht, lenze die Bilge. Hört es dann noch nicht auf, ist ein Mannschaftswechsel ratsam.

Paßt auf die Möwen auf: Wenn sie laufen statt zu schwimmen, ist es Zeit zur Kursänderung.

Hüte dich vor dem Mann, der da sagt: »Dieses Boot ist unsinkbar. Sie können es gern umschmeißen. Versuchen Sie es ruhig.«

Achte darauf, daß dein Bootsname nicht zu leicht zu lesen ist.

Wenn du die Tide gegenan hast und keinen Wind und es wird dunkel und kein Hafen ist in Sicht, *mach dir keine Sorgen.* Leider habe ich auch keine Ahnung, was da zu tun ist, aber es ist unbedingt notwendig, daß man sich keine Sorgen macht. Keep smiling.

Trage immer einen falschen Bart, es sei denn, du bist bis zum Flaggenknopf versichert.

Nähe niemals Kork in deinen Hosenboden, es sei denn, es macht dir nichts, den ganzen Törn über zu stehen.

Es hat keinen Zweck, die Wahrheit zu sagen. Segler wissen nicht, was das ist.

Einen älteren Segler erkennt man daran, daß er zu früh refft.

Es gibt ein hundertprozentiges Mittel gegen die Seekrankheit: Golfspielen.

Elf

Um 5 Uhr war Wecken. Der Morgen war trübe und verhangen. Kein Wind. Alle hatten einen Kater und fühlten sich matt nach den zwei Stunden Schlaf. Als wir aus dem Becken herausgestakt waren, entdeckten wir zu allem Überfluß, daß die Tide noch gegenan stand. Biber hatte uns für nichts und wieder nichts hochgejagt.

Die ganze Gesellschaft nahm Biber wütend auf die Hörner, der sich mit ein paar schwächlichen Erklärungen herauszuwinden suchte – ungünstiger Wind hätte das Kentern des Stromes verspätet und so. Staken gegen die Tide ist eine Sauarbeit, und wir waren froh, als gegen 7 Uhr etwas Wind aufkam.

Es passierte weiter nichts, außer daß wir dicht bei der Einfahrt nach Oulton Dyke einen jungen Mann auf dem Feld stehen sahen, der uns anrief: »Haben Sie meinen Vater gesehen?«

»Nein«, rief Biber ungehalten zurück, »haben Sie etwa meinen gesehen?«

Unbeeindruckt von soviel massivem Sarkasmus rief der junge Mann zurück, sein Vater habe ihn gestern abend um 6 Uhr hier mit seinem Dingi zum Angeln losgeworfen und sei nicht wiedergekommen. Er habe die Nacht unter einer Hecke geschlafen.

Da keine Todesfälle gemeldet waren, konnten wir dem Jüngling nicht helfen. Er stand immer noch da und fragte vorbeifahrende Segler, ob sie etwas von seinem Vater wüßten, als wir außer Hörweite kamen. Wir hatten die Angelegenheit schon fast vergessen, als eine halbe Stunde später eine Motoryacht aufkreuzte und ein Mann rief: »Haben Sie meinen Sohn gesehen?«

Es tut mir leid, aber das war zuviel für uns. Wir brachen in donnernde Lachsalven aus, schafften es aber trotzdem, dem Mann zu sagen, wo wir seinen Sohn gesehen hatten. Wir mußten zu sehr lachen, um herauszubekommen, was wirklich passiert war. Eines von den kleinen Geheimnissen des Lebens.

Bei St. Olaves machten wir fest, um den Mast niederzulegen, bevor wir unter der Brücke durchgingen. Arthur bekam es mit der Angst, als er einen Polizisten auf sich zukommen sah. Nachdem der Gesetzeshüter das Boot schweigend eine Weile gemustert hatte, wandte er sich an Arthur: »Sind Sie der Charterer von dieser *Quiet Dawn* hier?«

»Ich habe nichts auszusagen wegen gestern nacht«, sagte Arthur standhaft, »der Beamte versprach mir, er wollte nichts melden, und ich habe mich auf ihn verlassen. Jedenfalls war alles ein scheußliches Mißverständnis.« Mit einer Art Geistesblitz fügte er hinzu: »Ich bin nämlich bei Dünkirchen beinahe verwundet worden, wissen Sie.«

Der Polizist guckte etwas ratlos aus der Wäsche. »Ich habe keine Ahnung, was letzte Nacht los war«, sagte er, »das interessiert mich auch nicht. Aber ich möchte wissen, ob Sie das Boot sind, das gestern eine Katze außenbords geworfen hat.«

Arthur erbleichte. »Also, ich hatte eine Katze, aber ...«

»Nach der Anzeige, die ich bekommen habe, haben Sie ihr einen Ziegelstein um den Hals gebunden und sie über Bord geworfen.«

Bei dieser ungerechten Beschuldigung fing Arthur fast an zu heulen.

»Ich hab' bestimmt keinen Ziegelstein dran gebunden! Jedenfalls, Dennis hat sie begraben. Ich hätte dem niedlichen kleinen Tierchen nie ein Haar gekrümmt. Es starb vor Angst, als das andere Boot da an die Brücke stieß. Wir haben sie in den Marschwiesen begraben.«

»Ich weiß. Sie haben das Tier aber nicht tief genug verscharrt, nicht wahr? Es ist bei Hochwasser nämlich aufgeschwommen. Als ob es Sie anklagen wollte.«

Arthur und Dennis brauchten eine halbe Stunde, um den Polizisten zu überzeugen, daß sie einem Dorfklatsch zum Opfer gefallen waren.

Der Polizist sagte dann, er ermittele außerdem gegen ein Boot, das auf dem Yare Dampfern vor den Bug geschoren wäre. Arthur sagte, davon wisse er nichts, und

Dennis rannte vor Bibers Boot und hielt eine Decke in die Höhe, um den Bootsnamen zu verdecken. Der Polizist dachte sicher, Dennis sei ein bißchen meschugge.

Wir waren froh, ungeschoren aus St. Olaves herauszukommen. Breydon lag in einer bleiernen und düsteren Atmosphäre da, als wir von der tückischen Mündung des Waveney darauf zuhielten. Bei Ebbe ist es nicht einfach, dieses Stück aufzukreuzen. Der geringste Fehler in dem engen Fahrwasser – und man kann für acht Stunden auf Schiet sitzen, oder auch für acht Tage, wenn gerade Nipptide ist. Biber erzählte uns, er habe mal ein Boot in einer Sturmbö auf Grund laufen sehen, bei Hochwasser der höchsten Tide in zehn Jahren. Das Boot wurde buchstäblich von den Binsen verschluckt, die sich hinter ihm schlossen. Bei Niedrigwasser lag es hoch und trocken, und die Kühe grasten darum herum.

Als wir den Breydon schon fast geschafft hatten, kamen wir drei Meter innerhalb der Pricken fest. (Jeder, der auf Dreck kommt, schwört, es sei innerhalb der Pricken gewesen, aber dieses Mal stimmte es zufällig.) Es war eine Affenschande. Ich ging in den Bach, versank bis zu den Hüften im Schlick und versuchte das Boot abzuschieben, als Old Sindbad, der Abschlepper, aufkreuzte und uns freischleppte, kostenlos als alte Kunden. Er war schon seit Stunden unterwegs, um die Früchte einer außergewöhnlich niedrigen Tide zu ernten.

Das Wasser war schön warm und der Schlick, der mich einhüllte, auch, und so fühlte ich mich wie in einem Moorbad. Als Harry Sindbads Schleppleine vorn festmachte, lehnte ich mich an das Bootsheck und erholte mich vom anstrengenden Abdrücken. Im nächsten Augenblick machte *Merryweather* einen Satz nach vorn, und ich flog auf die Schnauze. Als ich wieder stand und rufen konnte, segelten sie auf Steuerbordbug davon; Biber und Harry rissen wie wild an den Schoten.

Ich muß zugeben: Es muß wirklich irre ausgesehen haben, wie ich da bis zum Bauch mitten im Breydon Water stand und um Hilfe rief. Es war auch nicht gerade gemütlich. Der Tidenstrom lief sehr hart, ich merkte, wie der Schlick unter meinen Füßen weggespült wurde. Zur Beruhigung zog ich eine Zigarette aus der Brusttasche meines Ölzeugs und steckte sie an.

Eine Motoryacht kam in die Nähe, mit zwei jungen Männern und zwei spärlich bekleideten Sonnenanbeterinnen an Deck. Sie starrten alle herüber, verwundert über den Anblick eines Mannes, der im Wasser stand und eine Zigarette schmökte.

»Alles allright«, rief ich ihnen zu, »die Markierungsboje ist abgesoffen, und das Wasser- und Schiffahrtsamt hat mich gebeten, hier ein paar Stunden zu stehen, bis sie eine neue bringen. Sie haben mir auch eine Glocke gegeben, falls Nebel kommt. Halten Sie bitte nach Steuerbord, wenn Sie so freundlich sein wollen.«

Eine andere Motoryacht änderte ihren Kurs, um mich näher zu betrachten. Ein Glatzkopf in Hosenträgern stand am Ruder und rammte mich beinahe. Seine Frau peilte neugierig zu mir herüber.

»Frieren Sie nicht, lieber Herr?« wollte sie wissen.

»Gott segne Sie, Madam«, sagte ich, »nein, man gewöhnt sich daran. Die einzige menschliche Boje von hier bis zum Nore, die bin ich. Immer holen sie den alten Jem Green 'raus, wenn was los ist. Vorsicht vor der flachen Stelle, bitte sehr.«

»Den Job möcht' ich aber nicht haben«, sagte die Frau, »Alf, hast du gehört, was der Herr gesagt hat?«

Alf schob zur Antwort eine volle Pulle 'rein und rannte mich fast über den Haufen. Zur Strafe zeigte ich anklagend mit dem Finger auf ihn, als er vorbeifuhr, und mir tat der Gedanke wohl, er könnte Angst bekommen haben, ich würde ihn anzeigen.

Nach hundert Metern hatte man auf *Merryweather II* mein Fehlen bemerkt, aber aus verschiedenen Gründen brauchten sie lange, um zur Rettung heranzukommen, und als sie endlich kamen, wollte Biber nicht näher als bis auf fünf Meter 'rangehen, um nicht wieder festzukommen.

Ich machte einen Schritt vorwärts, um ihm entgegenzugehen – und verschwand in den Fluten. Ich hatte nicht daran gedacht, daß Breydon-Fahrwasser 6 Meter tief ist. Inzwischen hatte Biber den Bug abfallen lassen und mußte wieder fortsegeln. Mir blieb nichts übrig als Wassertreten. Er brauchte eine Ewigkeit, um das Boot wieder heranzubringen, und meine Zigaretten waren ein matschiger Brei, als Harry mich endlich an Bord zog.

In der Einfahrt zum Bure, aus der wir vor vier Tagen herausgekommen waren, stand der übliche Stromwirbel. Arthur war das Einbiegen in den Bure vorbeigelungen, weil der Wind durch Häuser und eine Pier abgedeckt wurde; er versuchte nun mühselig, aus Richtung Yarmouth-Hafen zurückzuknüppeln.

Merryweather ereilte um ein Haar das gleiche Schicksal; wir trieben seitwärts ab, weil der Wind wegblieb, aber Harry rettete uns mit gekonntem Stakeneinsatz, und wir kriegten die »Kohlenpier« zu fassen. Wir mußten hier eine Stunde auf Stillwasser warten und nutzten die Zeit, um den Mast zu legen und Tee zu machen. Arthur verbrachte die Stunde mit Hinundhersegeln in den gegeneinander laufenden Strömungen von Yare und Bure, und rief die Rache des Himmels auf beide herab. Er mußte warten, bis der Ebbstrom nachließ, dann erst schaffte er es, zu uns zu stoßen.

Wir stakten unter der Brücke durch und machten im Yachthafen fest, um die Masten wieder zu setzen. Seit dem Morgengrauen waren wir nun zugange und fühlten uns dreckig, vermieft, müde und unrasiert. Wieder einmal zerrte die gefürchtete unsichtbare Kraft an unseren Füßen, und ganz gegen unseren Willen fanden wir uns auf dem Wege zum »Weißen Schwan« wieder. Es war fast Schlußzeit, aber unser Durst war gewaltig, und wir schafften es, ihn zu löschen. Dann kamen wir zu den Booten zurück mit dem Vorsatz, so weit mit dem Rest der Tide zu gehen, wie wir kamen.

»Start in einer halben Stunde«, bölkte Biber, »ich hau' mich ein paar Minuten hin.«

»Keine Zeit zu verschenken«, stimmte Arthur zu, »ich geh' nur mal für zehn Minuten in die Horizontale. Joan kann derweil einkaufen gehen.«

In den nächsten zwei Minuten lag alles lang in den Kajüten, außer Joan, die im Kockpit über ihrer Einkaufsliste in Schlaf gesunken war. Die warme Nachmittagssonne prallte auf uns herab.

Der Swell von einem Irren, der mit Höchstfahrt vorbeiraste, weckte mich auf. Ich hatte Kopfschmerzen und einen Teppich auf der Zunge, und als ich auf meine Uhr sah, konnte ich die Zahlen erst nicht deutlich erkennen. Dann merkte ich, daß es schon 5 Uhr nachmittags war.

Meine erste Regung bedeutete mir, mich auf die andere Seite zu drehen und weiterzuschlafen. Dann fiel mir ein, daß wir die Boote am nächsten Morgen zurückgeben mußten. Voller Unruhe richtete ich mich auf und schüttelte Harry. Aber Harry murmelte nur: »Geh und sag's deiner Mutti«, und drehte sich auf die andere Seite. Ich brauchte mehrere Minuten Klopfen und Rufen und Schütteln, bis ich ihn und Biber hochhatte, und dann ging ich auf *Quiet Dawn* hinüber und brachte ihnen die böse Kunde bei.

Die Boote sollten am nächsten Morgen um 10 Uhr bei der Werft zurück sein, und bis dahin waren es noch neunzehn Meilen, also ungefähr fünf Segelstunden. Bestenfalls konnten wir hoffen, mit der letzten Tide noch so weit wie möglich stromaufwärts zu gelangen. Wir setzten sofort Segel und bewegten uns dabei unbeholfen wie im Traum, gähnten und rieben uns die Augen.

Die Strecke von Yarmouth den Bure herunter ist in beiden Richtungen gleich unerfreulich. Gewiß, zunächst hatten wir die Tide mit, aber der Wind stand gegenan und nahm mit dem Sinken der Sonne allmählich ab. Dann kenterte der Strom, und die beiden Boote krochen qualvoll aufwärts und wurden von Zeit zu Zeit durch Festkommen aufgehalten. Wir kamen nur dadurch weiter, daß ein Mann mit dem Staken auf dem Vorschiff stand und das Boot am Ende jedes Schlages herumdrückte, auch einer von den alten Broads-Tricks. Als es dunkel wurde, hatten wir eine trostlose, einsame Strecke irgendwo kurz vor dem Stracey Arms Hotel erreicht.

Mietboote dürfen auf den Broads bei Dunkelheit nicht segeln, wir hatten es allerdings im Notfall schon öfter getan. Wir quälten uns noch eine halbe Stunde weiter und machten dann an einer Stelle fest, die nach sorgsamem Abloten mit dem Staken weniger tückisch zu sein schien als die übrigen. Aber auch dann sorgten wir dafür, daß wir weit genug vom Ufer ablagen, und machten die beiden Boote vorn und achtern gut aneinander fest, das Grundgewicht als Anker ausgefahren.

Gewöhnlich veranstalten wir am letzten Abend ein Fest und verputzen dabei, was noch in der Proviantlast ist. So ein Menü besteht etwa aus Suppe, dann Eier, Bacon und Büchsenkarotten, kalte Lammzunge in Sülze, gesalzene Erdnüsse und ein Pfund Käse pro Nase. Aber als die Mädchen kochen wollten, stellten sie fest, daß wir kein Wasser, kein Brot und keine Konserven mehr hatten, nur noch sieben Dosen Ölsardinen. Das Proviantspind war zwar noch voll, aber das waren alles Dinge, die uns nichts nützten, wie Suppe in Tüten, Corn Flakes und Vanillesoße.

Es war eine der ungenießbarsten Mahlzeiten, die ich je geschluckt habe: Ölsardinen, gekochte Eier und Marmelade ohne Brot und nichts zu trinken außer Cognac aus der Medizinkiste. Man glaubt nicht, wie einem das Brot fehlt, wenn man keins hat. Eine große, schmerzhafte Leere breitet sich in der Mitte des Körpers aus, ein unersättlicher Hohlraum, den man nur mit Brot wieder füllen kann. Anfangs versuchten wir drüber wegzukommen, indem wir große Mengen Cognac tranken, bis es uns vorkam, als ständen wir in Flammen, und lechzten nach Wasser, um die Flammen zu löschen.

Hier hätte Jem Green sicher in sein Logbuch geschrieben:

Fünf Stunden nach Auslaufen Yarmouth. Kein Wasser, kein Brot. Crew steht im Kreis um mich herum und starrt mich an.

Dennis, der exemplarische Gourmet, litt am meisten. Schließlich sagte er, er könne es nicht mehr aushalten, er müsse einfach wenigstens etwas Kaffee haben, und er entschloß sich, an Land zu gehen und von einem Bauernhaus Wasser zu holen. Und weil er Joan vorwarf, sie hätte in Yarmouth nicht für Nachschub gesorgt, mußte sie mitkommen, den Wasserkrug und den Topf zu tragen.

Sie waren schon lange fort, und wir saßen da und stöhnten vor Leibschmerzen und versuchten, keinen Cognac mehr zu trinken. Wir erzählten uns gegenseitig, wie scharf wir auf eine nette Tasse Kaffee wären. Nach einer Stunde bekamen wir es mit der Angst und schauten in das Dunkel nach unseren Vermißten. Aber nichts war zu sehen, und es muß schon fast Mitternacht gewesen sein, als wir sie durch die Binsen brechen hörten.

Irgendwie kamen sie uns nicht ganz geheuer vor. Dennis kicherte einigermaßen dämlich, wie er an Bord kam, und Joan ließ ihre Augen nach allen Seiten blitzen und schlug von Zeit zu Zeit züchtig die Lider nieder. Ich bin kein Verdachtschöpfer, aber hier hätte ich zehn zu eins gewettet, daß dort in den Feldern so ein bißchen das gute alte Hasch-mich-ich-bin-der-Frühling gespielt worden war.

Biber allerdings hatte nur eines im Sinn.

»Wo ist das Wasser?« wollte er wissen, »her damit.«

Dennis machte ein erstauntes Gesicht.

»Was?« fragte er albern, »Wasser? Wir ... also da war keins ... das heißt, wir haben keins bekommen.«

Ein Schrei der Entrüstung zerriß die Nacht. Arthur schien vor Durst und Enttäuschung dem Tode nahe. Biber faßte sich als erster und fragte in drohendem Ton: »*Warum* gibt es kein Wasser, Dennis?«

Der guckte wie ein ertappter Schuljunge und scheuerte wahrhaftig mit dem einen Schuh an seinem Hosenbein auf und ab. Es war Joan, die die Lage klärte.

»Dennis und ich werden heiraten«, sagte sie bedeutungsvoll.

Ein neuer Schrei zerriß die Nacht, dieses Mal vor Überraschung und Nichtglaubenwollen. Es war nicht gerade schmeichelhaft, wie wir uns aufführten.

Harry setzte sich mit einem Ruck hin und schüttelte sich vor Lachen. Arthur sagte fünfmal hintereinander »Boyur«, und Biber glotzte nur. Sheila stand auf und gab beiden einen Kuß; sie zeigte damit, daß sie viel besser war als wir anderen alle.

Biber faßte seine Gefühle folgendermaßen zusammen: »Das ist die Höhe, auf dieser Reise gab es nichts, was es nicht gibt. Schwangere Frauen an Bord, Katzen im Rigg, Masten kommen von oben, und nun noch eine Hochzeit! Möchte nicht vielleicht jemand von euch das Maß vollmachen und erklären, er sei eine Reinkarnation des verehrungswürdigen Buddha?«

Wir stießen mit purem Cognac auf das glückliche Paar an, verziehen ihnen das Wasser und legten uns schlafen. Schlafen! Macbeth litt an chronischer Schlafkrankheit verglichen mit uns in dieser Nacht. Von rasendem Durst gepeinigt, geschüttelt von Leibschmerzen, wälzten wir uns bis zum Hellwerden in unseren Kojen hin und her, dann standen wir vor lauter Elend auf und stakten im Morgendunst auf dem Fluß dahin. In Stracey Arms schossen wir um Wasser an Land und erlösten uns vom schlimmsten unserer Übel. Danach war genügend Brise zum Segeln, und wir kamen in guter Zeit bis Acle Bridge.

Es war zehn Uhr, als wir Acle erreichten, die Stunde, zu der die Boote schon zurückgegeben sein sollten. Thurne Mouth passierten wir um 11.30 Uhr, und es wurde fast eins, bis wir *Merryweather II* und *Quiet Dawn* in Loudwaters Hafenbecken stakten.

Wir hatten unterwegs Reinschiff gemacht und die Boote aufgeklart, so stellten wir bloß unser Gepäck in einem unordentlichen Haufen auf die Pier und zogen auf allerkürzestem Wege zur Kneipe. Ich ging in die Bar, um zu bestellen, und sah dort einen hochgewachsenen Menschen von totenähnlichem Aussehen, der mürrisch auf einem Barschemel hockte und ins Leere starrte. Er schob sein Glas mit zitternder Hand über den Tresen und sagte mit brüchiger Stimme: »Noch 'nen Port, Bill.«

»Gewiß, Mr. Loudwater«, sagte der Barmann.

Ich klopfte dem bejammernswerten Bootsvermieter auf die Schulter.

»Nur guten Mut, Mr. Loudwater«, rief ich mit wohlgespielter Munterkeit, »wir haben eben *Merryweather* heil und gesund wiedergebracht. Kommen Sie, trinken Sie einen mit uns.«

Loudwater zuckte heftig zusammen.

»Sie sind von *Merryweather?*« fragte er und sah mich an, als ob ich ihn erdolchen wollte.

»Ja.«

»O Gott. Gib mir einen dreistöckigen Port, Bill — dieser Herr da bezahlt.«

Ich redete auf ihn ein, er möchte sich zu uns setzen, was er mit viel Kopfschütteln dann auch tat.

»Sie werden nächstes Jahr nicht wieder zu meiner Werft kommen, ja?« flehte er uns an. »Das wäre mein Ruin. Ich mache Schluß mit den Segelbooten und baue nur noch Motoryachten mit gepanzerter Außenhaut. Bitte versprechen Sie mir, daß Sie nie wiederkommen. Wollen Sie das?«

Harry spendierte ihm noch einen dreistöckigen Port, worauf er ein wenig auftaute. Er bedauerte den Rückgang der Segelei und erzählte von seinen jungen Tagen auf den Broads. Wir gingen dann fort, und er saß da und brütete mit offenem Mund über seinem Glas und betrauerte die feinen Schiffe, die er gekannt hatte.

Joan und Dennis waren im Garten, als wir aus der Bar kamen. Sie kicherten einfältig und hielten Händchen, wie Leute in ihrer Lage das eben tun.

Joan drehte sich um und winkte wie toll zu uns herüber.

»Ich sag' ja«, schrie sie, »war das nicht einfach Klasse?«

Alexander Kent

Die Richard-Bolitho-Romane

ein Ullstein Buch

Die Feuertaufe
Ullstein Buch 3363

Klar Schiff zum Gefecht
Ullstein Buch 3376

Die Entscheidung
Ullstein Buch 3402

Zerfetzte Flaggen
Ullstein Buch 3441

Bruderkampf
Ullstein Buch 3452

Der Piratenfürst
Ullstein Buch 3463

Strandwölfe
Ullstein Buch 3495

Fieber an Bord
Ullstein Buch 3522

Nahkampf der Giganten
Ullstein Buch 3558

Feind in Sicht
Ullstein Buch 20006

Der Stolz der Flotte
Ullstein Buch 20014

Eine letzte Breitseite
Ullstein Buch 20022

Galeeren in der Ostsee
Ullstein Buch 20072

Kanonenfutter
Ullstein Buch 20144